A Vertical do Papel

Coleção Debates
Dirigida por J. Guinsburg

Equipe de Realização – Tradução: Sonia Machado de Azevedo e Amilton Monteiro de Oliveira Filho; Edição de texto: Paulo Alexandre Rocha Teixeira; Revisão: J. Guinsburg, Adriano Carvalho Araújo e Sousa; Desenhos dos esquemas: Jurij Alschitz; Ilustrações das aberturas: montagem sobre desenhos de Leonardo da Vinci; Produção: Ricardo W. Neves, Sergio Kon, Luiz Henrique Soares e Elen Durando.

Jurij Alschitz
A VERTICAL DO PAPEL

**UM MÉTODO PARA
A AUTOPREPARAÇÃO DO ATOR**

 PERSPECTIVA

Título original em inglês
The Vertical of the Role: A Method for Actor's Self-Preparation

© Jurij Alschitz, 2011
© Christine Schmalor, chapter "Training: Each Day One Step Upwards"

CIP-Brasil. Catalogação na Publicação
Sindicato Nacional dos Editores de Livros, RJ

A462v
    Alschitz, Jurij
    A vertical do papel: um método para a autopreparação
do ator / Jurij Alschitz ; tradução Sônia Machado de Azevedo,
Amilton Monteiro de Oliveira Filho. – 1. ed. – São Paulo : Perspectiva, 2014.
    104 p. : il. ; 21 cm. (Debates ; 333)

    Tradução de: The Vertical of the Role
    ISBN 978-85-273-1009-3

    1. Representação teatral. 2. Atores. I. Azevedo, Sônia
Machado de. II. Oliveira Filho, Amilton Monteiro de. III. Título.
IV. Série.

14-13122   CDD: 792.028
                           CDU: 821.161.1-2

06/06/2014   10/06/2014

Direitos reservados em língua portuguesa à

EDITORA PERSPECTIVA LTDA.

Alameda Santos, 1909, cj. 22
01419-100 São Paulo SP Brasil
Tel.: (11) 3885-8388
www.editoraperspectiva.com.br

2022

SUMÁRIO

Em Busca do Invisível –*Sônia Machado de Azevedo*.........11

1. A AUTOPREPARAÇÃO DO ATOR......................... 21
   Mudando o Território – Deixando o Teatro.............. 21
   Um Padrão Diferente de Atuar 26

2. A VERTICAL DO PAPEL..29
   Encontro Privado...29
   A Vida Invisível das Coisas Visíveis 34
   Desconstrução do Texto...42
   Sobre o Texto 50
   Iluminando o Papel 60

3. CRIANDO UMA ARMADILHA
PARA SI MESMO...65

A História Como Estrada 65

Treinamento – A Cada Dia um Passo Adiante –
Christine Schmalor 80

4. EXPERIMENTO EM MIM MESMO........................ 91

Aos meus professores e aos meus alunos.

J. ALSCHITZ

EM BUSCA DO INVISÍVEL

É muito mais natural obter energia diretamente do sol do que de seu reflexo no espelho. Quando o ator entra em contato direto com a pura Ideia ele pode conseguir energia sem intermediários. E nada se compara em poder do que a energia daquela Ideia. É essa energia que dá ao ator sua habilidade para trabalhar; é essa energia que o leva afinal para o ápice de seu papel, ou seja, até sua verdade interior e para sua própria luz. Esse é o sentido último da construção da Vertical do Papel.

Ideias sobrevivem por muito tempo; talvez até mesmo provem ser imortais. Emoções, entretanto, que você pode agarrar hoje, não vão estar aqui amanhã.

JURIJ ALSCHITZ

Traduzi *A Vertical do Papel* acompanhada, muitas vezes, de meu filho Amilton, jovem aprendiz do ofício e da arte de atuar. Foi desse modo que lemos o livro pela primeira vez, entre o encanto e a surpresa, e assim foi traduzido.

Jurij escreve como quem conversa com o leitor entremeando a sabedoria de quem lida na prática de palco, com conceitos que fundamentam filosoficamente o trabalho do ator, oferecendo muitos exercícios e conselhos úteis. Este pequeno grande livro trata de uma questão basilar e fundante de todo e qualquer modo de compor e executar exercícios voltados para a cena, qualquer que seja a poética pretendida: o processo de criação do ator rumo ao papel, dos primeiros passos até o resultado final.

Livro escrito para ser lido no aconchego da casa, antes de ser estudado ou discutido em grupo, como o autor aconselha que devam ser feitas as primeiras leituras de um texto teatral. Livro que proporciona um encontro, não só com as palavras e frases que nele moram, mas com o espírito da obra, com as ideias que lhe deram origem e mais, com toda a História que o antecedeu, com a energia original que essas ideias carregam em seu percurso e com a Ideia. Essa Ideia, maiúscula porque primordial e determinante, será trazida em diversos momentos do texto e, muito especialmente, em alguns dos mais instigantes, quando trata de filosofia e de Platão, de uma luz superior, de energias perenes e imortais.

Todo o texto propicia um diálogo ininterrupto com o mundo das ideias primordiais, eternas e imutáveis e o mundo dos sentidos, em que tudo se mostra impermanente e em constante fluir. Para o autor o dom do ator consiste em uma habilidade muito especial para revelar o que se esconde, para discernir o invisível, a "suprema Ideia" ou como quer que chamemos a isso. Durante seu trabalho a alma do ator como que se recorda dos temas que já existem nela, entra em contato com eles, trata de desvendá-los, lembrá-los, trazê-los à superfície da consciência. Se essas ideias primordiais e eternas estão presentes em todos nós e em tudo que nos cerca, o artista deve aprender a se valer desse "manancial de sua própria alma" ligado a uma essência infinita.

Assim, a interpretação está ligada a um processo de autodescobrimento, autorrevelação, de um desvendar-se tirando o manto das coisas que habitam nossa superfície em um caminho para além do eu, para antes e/ou depois desse mesmo eu em que estão, desde sempre, essas ideias perenes, norteadoras e ancestrais. O processo de criação envolve esse este inevitável mergulho em diversos níveis de profundidade dentro do que somos, naquilo que existe em nós e que nos transcende.

O grande Michelangelo revelava as estátuas que moravam desde sempre no interior das pedras, libertando-as pela remoção de suas superfícies aparentes e alegava ser guiado por uma faculdade a que chamou *intelletto*. Segundo Stephen Nachmanovitch, *"Intelletto* é inteligência, não do tipo meramente racional, mas inteligência visionária, uma visão profunda do padrão subjacente debaixo das aparências", sendo assim o artista vai descobrindo "algo ainda não nascido, invisível e inédito"[1], mas preexistente, que pode ser captado por um determinado olhar interior, um colocar-se em prontidão numa espera ativa e numa escuta muito especial.

Removendo as superfícies aparentes de si mesmo, tal como Michelangelo fazia com o mármore, o ator pode revelar sua natureza original, primordial e presente em toda a humanidade, sua natureza essencial. O que ele busca é o que lá já se encontra soterrado, pelo dia a dia, por camadas e camadas de ideias preconcebidas e conceitos sem utilidade, aos quais todos nós, de um modo ou outro, nos agarramos. A criação pede um corajoso descobrir e desenterrar desse nosso mundo invisível, deixando que essa outra vida maior nos capture e ao mesmo tempo seja capturada por nós.

O autor propõe um método de trabalho, stanislavskiano por princípio, mas desenvolvido e transformado por ele ao longo de anos de prática de palco, como diretor

---

1. *Free Play: Improvisation in Life and Art*, New York: Penguin , 1990, p.31. Tradução nossa.

teatral e com estudantes de teatro, nos diversos cursos que ministra. E nos fala desse método pessoal por meio de uma trajetória de aparente simplicidade.

Mas que ninguém se engane, as coisas mais simples são e serão sempre as mais difíceis. As técnicas de interpretação são também não técnicas, no sentido de que não há receitas, não há formas prontas e infalíveis de se chegar ao papel; no sentido de que ninguém ensina alguém a ser ator é preciso antes o trabalho a partir de si, por intermédio de si e sobre si. É preciso o movimento de se deixar trespassar pela vida para poder saltar a partir de si em direção ao outro.

É necessário que se chegue a certo lugar muito próprio e particular, em um vazio pleno, como chamam a isso os budistas, em um esquecer-se de si para uma entrega maior ao todo, ao universo; um abandono do ego, um juntar-se a algo que não se sabe bem o que, uma concentração no espaço/tempo presente, sem passado nem futuro, uma espécie de grande espera ativa. E esse é um trabalho individual, a partir de quem somos nesse exato momento de nossas vidas e que exige entrega incondicional para que possamos nesse estado de desaparecimento e absorção tornarmo-nos parte do todo, como as crianças em seus jogos, estado de entrega e fascinação. Estado meditativo por excelência, absoluta concentração, *samadhi*.

O autor quer tratar do ator enquanto artista, do ator em sua autonomia criativa, do ator criador, mestre do seu ofício, que prepara e enfrenta, em solidão, seu material de trabalho, e que a seguir compartilha suas descobertas, em pé de igualdade, com o restante do elenco e com o diretor.

Há nesse trabalho uma investigação constante, diária, metódica, que nem sempre tem garantias de sucesso. O caminho é instável, cheio de riscos e dúvidas, inquietação e angústia e passa pela busca da história, pelos mitos que ela contém, por sua vida simbólica e pelas inúmeras formas de contá-la.

Esse trabalho da verticalização defendido pelo autor trata exatamente desse primeiro e definitivo, porque fundamental, momento de aproximação de alguém com seu objeto de estudo. É preciso colocar-se em um estado de escuta de si mesmo e do que o trabalho pede, é preciso preparar-se para o diálogo com a obra, para o primeiro encontro. Lugar de indefinições e do não saber, lugar do não apressar; do saber esperar nesse inquieto estado de alerta. Urge entrar nesse estado "entre", intermediário entre espaços reais e espaços ficcionais. Fronteiriço e impermanente. Eis o início do processo de verticalização do papel: o de uma extrema ação vertical sobre si mesmo.

O caminho da criação passa, seguramente, pela dimensão invisível das nossas vidas, a dimensão espiritual de onde brotam as energias primordiais e absolutamente necessárias a qualquer trabalho criador, lugar morada dos mitos, do que é primitivo em nós, ancestral, imortal. Lugar daquilo que nos transcende, que existe desde sempre e seguirá existindo, apesar e para além de nós.

Sua metodologia encaminha a construção dessa dimensão vertical do papel, sem o que ele não se sustenta, nem se nutre, em toda a sua inteireza. Sem ela o papel não se reconhece enquanto tal, sendo apenas um simulacro de si mesmo, um engano.

Constatei com surpresa a semelhança dessa metodologia com o trabalho de corpo para atores que desenvolvo desde os anos 1980 e que foi alvo de minha dissertação de mestrado em 1989, contida no livro *O Papel do Corpo no Corpo do Ator*[2].

Muitas vezes, junto aos meus jovens estudantes da arte da interpretação, na Escola Superior de Artes Célia Helena – ESCH[3] constato, com emoção, o quanto as aulas tratam do que é visível e, igualmente daquilo que é invisível. Ou seja, da dimensão horizontal (corpo em sua vida diária, corpo com sua história, seus fatos que se tornaram visíveis

2. SãoPaulo: Perspectiva, 2002.
3. Onde coordeno o Curso de Bacharelado em Teatro e também leciono.

como tatuagens) e da dimensão vertical (vidas invisíveis e espirituais).

Trata-se, como o próprio autor sugere de um levar a recordar o já vivido (ou recordar o que está guardado nas ideias contidas no manancial das nossas almas) não pela via das emoções, dos sentimentos ou das palavras, mas pela via do reconhecimento das energias guardadas no corpo, das sensações e percepções que se manifestam por meio de imagens imprevistas. A luz de que o autor fala pode se dar a conhecer também pelas vias do soma[4], pelo não visto que se oculta na carne, por tudo que é espiritual e, consequentemente, pode se alojar nas entranhas, vísceras, músculos, ossos e líquidos, na totalidade do si mesmo. Por intermédio do trabalho concentrado e constante de buscar-se pode o ator surpreender seu hospedeiro e guardador, descobrir seus tesouros mais secretos. Trata-se de dançar o que o corpo contém e carrega, de descobrir a fonte de onde brota a energia e a força da criação.

O trabalho interpretativo, assim como igualmente o trabalho de corpo buscam a presença humana num sempre agora; procuram atingir a humanidade incorporada, encorpada no momento presente, em um eterno presente. Trata-se, realmente, de presentificar a vida em suas energias originais transformando-as em ficção e deixando que iluminem o papel com sua luz original.

Busca-se esse estado de presença, sem antes nem depois, onde vida visível (corpo, forma, movimento, visibilidade) e o que é invisível, trajetos onde o não sabido e o procurado podem dar-se mutuamente ao reconhecimento, como se a alma passasse, de fato, a habitar o corpo e a pessoa pudesse reconhecer-se como parte do todo, do outro, do grupo, do grande mundo, material e imaterial ao mesmo tempo, fisicamente perecível e, ao mesmo tempo, infinito.

---

4. Conceito que desenvolvo no livro acima referido, p. 150, no sentido de "eu, o ser corporal", unidade mente/corpo; termo criado por Thomas Hanna em seu livro *Corpos em Revolta*, Rio de Janeiro: Mundo Musical, 1972, p. 28-29.

Cabe ao ator reconhecer e tocar essa energia que o habita, deflagrada pelos grandes temas mitológicos, manancial de verdades universais, pela Ideia; mais que isso, colocá-la a serviço de si e do papel. De que profundezas, de que lugares ela vem e como se manifesta no mundo visível? Isso faz parte da autoinvestigação proposta neste livro, sujeita a diferentes respostas conforme os momentos/movimentos horizontais dessa vida que se indaga. E é essa autopesquisa vertical que pode levar, como diz com propriedade o autor deste livro, ao encontro da "maior luz" do papel. Se isso acontece:

O ator para de atuar. Ele se torna transparente. Agora sua principal tarefa é deixar de estar lá. Isso constitui o ponto mais elevado de sua missão. A Ideia em si, a luz do seu papel, pode passar diretamente através dele, para alcançar os espectadores. E é nesse estado de não ser que o ator experimenta o maior prazer artístico. Esse é o momento da revelação. O ator toca a luz. E sua missão elevada é deixar que a luz passe livremente através de sua própria natureza.

Sônia Machado de Azevedo

professora da Escola Superior de Artes Célia Helena-EACH, artista e pesquisadora das artes da presença

Quanto aos senhores, meus amigos, está tudo bem, é agradável ouvi-los, mas... Ficar sozinha num quarto de hotel e decorar as falas de uma personagem é muito melhor![1]

1 Arcádina, em *A Gaivota* de Antón Tchekhov, trad. Rubens Figueiredo, São Paulo: Cosac Naify, 2010.

1. A AUTOPREPARAÇÃO DO ATOR

Mudando o Território – Deixando o Teatro

Cada profissão tem seus próprios segredos – e há muitos desses segredos no trabalho do ator. Minha própria mãe era uma atriz e eu, às escondidas, frequentemente, a via enquanto preparava seus papéis – onde quer que fosse – em um quarto de hotel, em um banco de jardim, ou em uma viagem de trem. Eu sempre considerei esse processo muito mais interessante que seus ensaios no teatro, ou até mesmo suas representações propriamente ditas. Daí por que, mesmo agora, é com especial admiração e ansiedade que espero por essa hora mágica quando o contato íntimo é estabelecido entre um ator e a *persona* que ele está prestes a representar, quando se está a ponto de testemunhar o início de uma nova vida do papel, no momento em que o ator entra em comunhão artística com sua *personagem*. É verdadeiramente um momento mágico e reservado. Normalmente, nos círculos artísticos, prefere-se não falar muito sobre isso. Continua a ser algo excessivamente privado. Durante esse tempo o ator em geral tenta ficar sozinho. Assume-se que ninguém deve incomodá-lo e que ninguém pode ajudá-lo. É o seu segredo. O segredo pertence a ele e somente a ele, e ninguém tem o direito de se intrometer aí. Entretanto, isso é um mito, ainda que belo.

Cada profissão tem seus próprios segredos especiais, mas também seu corpo de conhecimentos definidos. Todo tipo de trabalho é melhor, em mãos de um mestre. E qualquer que seja a nuvem de mistério que envolva a profissão do ator, quaisquer que sejam as lendas a ele associadas, em última análise é o próprio domínio profissional que determina se um ator realmente pertence a esse lugar. Esse é o aspecto que deveria interessar aqueles que, entre nós, profissionalmente, estudam teatro, em especial nas suas áreas menos conhecidas. Uma dessas áreas "misteriosas" da profissão do ator é quando ele trabalha por si mesmo o seu papel.

Minha experiência, trabalhando em teatro e ensinando teatro, levou-me a uma conclusão muito simples: o ator torna-se somente o mestre e o autor real de seu papel se é capaz de trabalhar nele por si mesmo, independentemente de qualquer mediação ou intromissão. Quando ele se torna o verdadeiro autor, assume responsabilidade pela vida de seu trabalho e ninguém mais é responsável por isso. É desse ponto de vista que eu construo minhas relações quando trabalho com atores, é essa atitude que eu considero como verdadeira e genuinamente promissora. Infelizmente, até hoje ainda há leis não escritas sobre como conduzir ensaios, exigindo que o diretor descreva em detalhes o esboço do papel do ator, o modo como isso deve ser construído e como deve ser vivido no palco. De um ponto de vista artístico, essa situação corrompe o ator, destrói sua criatividade e transforma o mister da atuação em algo puramente técnico.

Todo ator e todo diretor sabem quão frequentemente, no teatro, o tempo é desperdiçado sem necessidade. Alguns ensaios resumem-se ou em decorar o texto ou em outras inúteis trocas de impressões fugazes, aventadas a partir de memórias da vida pessoal de alguém. Nesse tipo de ensaio, um ator pode chegar totalmente despreparado, completamente vazio – e, na maioria das vezes, é nesse mesmo estado que ele sai depois que o ensaio acaba, e ninguém vai perceber, de qualquer modo. Esse passivo esbanjamento de tempo destrói a energia criativa e traz a esterilidade de pensamento. É humilhante o suficiente ser obrigado a comparecer aos ensaios – mas é ainda mais ofensivo quando apenas um dos parceiros de trabalho, de fato, se prepara para o encontro, enquanto o outro se contenta em chegar ali vazio e tedioso. Em uma situação como essa, sempre tenho uma sensação de estar cheirando naftalina; literalmente sou tomado pela sensação de que estou ficando velho hora a hora, sendo arrastado para baixo junto com esse teatro morto. Eu realmente tenho medo desse tipo de trabalho, e de tempos em tempos não sinto nada além de uma sincera repulsa por ele. Se, por outro lado, tanto o ator como o diretor trazem consigo muitas ideias e sugestões, se eles tentam realizar seus sonhos e fantasias, se eles resolvem suas dúvidas juntos – então, o ensaio torna-se um evento importante, algo crucial, aguardado com ansiedade e diligentemente preparado.

Recentemente, tenho notado no teatro a instauração de uma prática alarmante. O tempo combinado para os ensaios está sendo gradualmente reduzido. Tem-se que lutar por cada dia adicional, tem-se que explicar que, com esse limitado período de ensaios, limita-se a busca criativa, tanto do diretor quanto do ator, forçando-os a concentrar-se, não no processo enquanto tal, mas no resultado. Todos concordam que essa tendência não pode ser boa para o teatro, mas a situação só piora. De fato, tornou-se bastante óbvio que para suportar essa pressão é preciso mudar o próprio método e a técnica de se trabalhar o papel e a produção teatral como um todo. O vencedor será o diretor que primeiro for capaz de trocar a ênfase de seu trabalho com o ator.

Na minha opinião, o foco da questão deve ser deslocado para a preparação individual do ator. A "lição de casa" do ator deveria tomar a maior parte de todo o período de sua preparação, mas, ao mesmo tempo, isso precisaria ser organizado de um modo mais metódico, e preenchido com mais exercícios especiais. Essa orientação deveria se tornar realmente profissional, deixando de ser a busca de um gato preto em um quarto escuro. Ensaios teatrais deveriam ocupar, no máximo, um terço do tempo gasto para a preparação do papel e da própria produção. E sua qualidade não poderia ser medida pela quantidade de tempo gasto; de fato, tudo deveria ser definido pelo conteúdo desses ensaios. Deixemos que sejam curtos e esporádicos – o mais importante é que sejam bem preparados e frutíferos. O preparo independente do ator em um nível mais alto transformará um ensaio em um processo genuinamente criativo, fazendo dele um evento artístico – com o qual todos os atores e diretores de teatro sonham.

A maioria dos textos sobre atuação que eu vi tenta evitar o problema desse trabalho, que vai além do teatro, e mesmo se eles se referem ao tema, geralmente repetem coisas propostas por Constantin Stanislávski muito tempo atrás. Stanislávski foi, de fato, o primeiro diretor teatral que dedicou séria atenção ao problema da preparação do ator em casa. Ele costumava dizer: "O ator, mais que qualquer outro artista, precisa preparar-se em casa".[1] Ele mesmo tentava mudar a ênfase dada ao trabalho do ator, transferindo-a, em grande parte, do palco para a área de autopreparação:

A maioria dos atores tem certeza de que só devem trabalhar durante os ensaios, enquanto em casa eles podem se dar a licença de relaxar. Entretanto, é exatamente o oposto que, como se verifica, é correto. Durante os ensaios tentamos apenas esclarecer o que foi feito em casa. É por isso que eu não acredito em atores que jogam conversa fora durante os ensaios em vez de preparar e compor o plano para seu trabalho caseiro.[2]

A julgar por essa última frase, Stanislávski considerava os ensaios teatrais, em certa medida, como uma preparação para o trabalho principal que seria feito pelos próprios atores. Ele sentia que era necessário deixar os atores familiarizados com o trabalho efetivo não apenas durante os ensaios, mas também em casa. Ensaios de palco e ensaios em escolas de teatro

---

1 *Sobrânie Sotchiniêni* (Obras Escolhidas [OE]), Moskvá: Iskusstvo, 1961, v. 3, p. 261.
2 Ibidem, p. 248.

constituem uma parte relativamente pequena da preparação do ator: "Não é suficiente estudar [...] apenas durante as aulas de atuação, onde você começa a conhecer o que deve ser feito. Você deve se preparar quando está ensaiando sozinho, você deve corrigir os erros apontados por seu professor."[3]

Stanislávski foi o primeiro diretor de teatro a dar aos atores tarefas específicas para a elaboração em casa – enquanto trabalhava na produção teatral, ele também pedia que essas tarefas fossem realizadas cabalmente. Ao passo que nos estágios iniciais de sua carreira ele iria basicamente se limitar a sugerir que o ator deveria trabalhar a biografia imaginária da *personagem*, mais tarde, expandiu e aprofundou as possibilidades inerentes a esse tipo de preparação de si mesmo:

Durante os ensaios nós deveríamos nos concentrar principalmente em explorar as sensações armazenadas na nossa memória afetiva. Para sermos capazes de compreender, entender e recordá-las, devemos encontrar uma palavra adequada, uma expressão, um exemplo descritivo – em resumo, um tipo de isca que faça a sensação necessária aflorar, de modo que ela possa depois ser fixada. Isso implica tremenda quantidade de trabalho e envolve grande concentração por parte do artista.[4]

Vários anos depois, Stanislávski muda toda sua abordagem para com o trabalho do ator. Em suas tentativas de implemantar o método das ações físicas durante os ensaios teatrais, recomenda que o ator faça uso disso não somente no teatro, mas também em casa: "Até mesmo em casa você pode fazer a sua parte começando pelas ações físicas. Deve seguir a linha das ações físicas simples e elementares. Você deve adquirir essa vida do seu corpo em casa, isso não é apenas possível, mas altamente desejável."[5]

Infelizmente, a prática real do teatro não deu a Stanislávski a chance de desenvolver seu método para a autopreparação do

3 Notas Taquigráficas de Aulas de Interpretação com Estudantes, 1º. de dezembro de 1935, *Masterstvo Aktera* (Mestria do Ator nas Palavras e Explicações de C. Stanislávski [MA]), Moskvá: Soviétskaia Rossía, 1961.

4 *OE*, v. 3, p. 248.

5 Notas Taquigráficas de Aulas de Interpretação com Estudantes, 11 de novembro de 1935, MA.

ator de forma tão exaustiva quanto o fez com seus exercícios e ensaios de palco. Mesmo os atores de seu próprio teatro ainda se contentavam em colocar o principal fardo do trabalho sobre os ombros de seu mestre. Sua prolongada luta contra esse tipo de dependência parasitária, por parte de seus atores, alcançou somente resultados mínimos.

Contudo, o maior mérito das pesquisas de Stanislávski repousa no fato de que ele foi o primeiro diretor a sugerir que é somente por meio de um trabalho de casa bem organizado que o ator pode realmente esperar atingir o tremendo potencial de sua própria natureza. Futuras gerações de diretores teatrais e professores têm desenvolvido gradualmente uma porção de brilhantes métodos para ensaios de palco, mas a autopreparação do ator é ainda entendida como de sua própria responsabilidade, na qual ninguém deve interferir. Torna-se cada vez mais claro que tal atitude constitui um engano. A era do "ator de talento inato" de há muito se extinguiu. Hoje em dia, sente-se uma real e urgente necessidade de pesquisa profissional no âmbito do problema da organização da autopreparação do ator, pesquisa no terreno das formas e meios de desenvolvimento dessa pouco conhecida área da profissão do ator.

Um Padrão Diferente de Atuar

Ser um artista significa primeiro, e acima de tudo, ter a habilidade de discernir a natureza divina e de converter em realidade do indivíduo essa natureza divina por meio de sua própria personalidade. Estas são provavelmente as duas pré-condições mais essenciais para o artista. A última está intimamente ligada com a habilidade de o ator sintonizar-se consigo mesmo. Infelizmente, esse dom permanece amiúde inexplorado e, algumas vezes, é conscientemente destruído. Tenho percebido que, quanto mais o diretor confia em seu ator, e quanto mais o ator confia em si mesmo, mais alta se torna a habilidade do ator organizar o processo da preparação para o seu papel e mais forte a sua natureza artística. E vice-versa, quanto mais o diretor cria caso com seu ator, mais fraco o ator se torna enquanto artista, e mais tedioso se faz trabalhar com ele.

Quando menciono esse processo de autopreparação, refiro-me, primeiramente, ao desenvolvimento do pensamento artístico independente do ator. Em outras palavras, a autoeducação por parte do ator não é suficiente. Além disso, não é preciso dizer, por certo, que o ator atual tem de ser um ser humano, educado e inteligente (isso é uma banalidade que não vale a pena ficar repetindo, embora até mesmo isso, algumas vezes, falte) – mas o ator da nova geração deve também tornar-se um artista, um poeta, ou seja, um mestre por direito próprio. Ele tem de ser capaz de fazer suas próprias escolhas, de criar seu papel e incorporá-lo no palco. Ninguém mais pode assumir responsabilidade por seu próprio trabalho, por sua própria vida e de fato por sua felicidade, a não ser ele mesmo. Afinal de contas, isso constitui o principal estímulo, e mesmo o principal significado de nossa profissão – a habilidade de sentir felicidade e alegria.

A autopreparação não deveria ser considerada mera transferência do processo de ensaios do espaço teatral para a casa do ator. Mais que isso, representa um conceito totalmente diferente para organizar a própria personalidade do ator, a formação de sua própria atitude frente ao papel – tanto em sua vida como no palco. Significa criar um modelo teatral, eu diria mesmo, um universo – onde tudo se baseia, não em vários sistemas que visam dar satisfação a diferentes pessoas, mas em uma única e focada personalidade artística, criando um unificado e coerente sistema, de acordo com o seu nível de talento, mestria e desenvolvimento espiritual.

A autopreparação exige do ator a habilidade de trabalhar solitariamente – porque o artista real precisa ser capaz de trabalhar o seu papel, independentemente de potenciais reações de amigos ou inimigos e de circunstâncias estranhas. Simultaneamente, são necessárias certas aberturas, uma capacidade de comunicação com seus parceiros. Pressupõe um constante crescimento da espiritualidade do ator, de seus potenciais intelectuais e artísticos.

A autopreparação dá à luz uma incomparável sensação do que o papel constitui, por si mesmo, uma completa e preenchida vida que, eventualmente, é confiada às mãos do ator, transformando-o assim em um efetivo autor.

Isso gera a atitude de um efetivo mestre – quando o ator assume total responsabilidade por seu papel e toma a iniciativa por qualquer desenvolvimento novo. (Mais tarde verificar-se-á que é mais difícil tomar essa iniciativa porque ela já terá sido tomada pelo texto, pela personagem, pelas situações da peça, pela imaginação do encenador. A iniciativa não está mais com o ator e um ator desprovido de iniciativa não poderá ser nada mais senão um instrumento bem ou mal afinado. Ele nunca será capaz de ascender à posição de um verdadeiro artista.)

O papel, que foi construído livre e independentemente pelo ator, pertence a ele e tão somente a ele. Ele é seu efetivo criador. É o ator quem revela a luz interior do papel, que compreende sua essência, que decifra seu código genético. Então, o ator já não tem mais medo de nada. Ele já é, ele já existe. E quando chega para os ensaios, ele se aproxima do diretor de teatro com uma sugestão vinda de um colega artista e não servilmente como um lacaio. Ele está pronto para o trabalho coletivo, para discutir, para buscar possíveis soluções que possam garantir a fecundidade de sua colaboração.

É nessa capacidade, que o ator deve ter, de preparar o papel por conta própria que vejo a garantia da própria sobrevivência da profissão do ator e da vida espiritual do teatro em geral. É por isso que considero oportuno sugerir certa metodologia para tal autopreparação de professores, estudantes, atores e diretores de teatro. Chamo essa metodologia de Vertical do Papel, porque isso é o que ela visa construir – a dimensão vertical do papel.

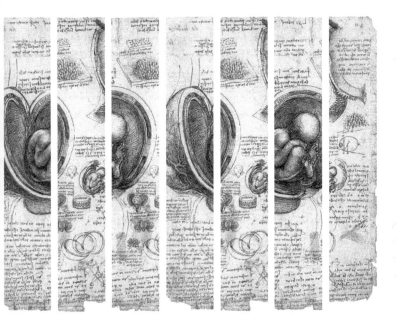

2. A VERTICAL DO PAPEL

Encontro Privado

O primeiro encontro com o papel é um momento crucial ao qual, geralmente, os atores e os diretores não dispensam muita atenção. Entretanto, é aí que a estrada para o entendimento da essência da peça realmente começa – e o início de qualquer caminho é sempre importante. Com frequência vejo como atores leem o texto no metrô ou no ônibus, ocasionalmente distraídos por um amigável bate-papo, ou por um saboroso sanduíche. Eu mesmo costumava fazer isso. Mas agora compreendo que, se o primeiro encontro com o papel acontece dessa maneira, então, desde o início, o ator inevitavelmente adquire uma atitude, de alguma forma, consumista em relação a ele. Ele pensa sobretudo nas formas de ficar com o "papel", de "usá-lo" ou "engoli-lo" ou "consumi-lo". Ou, citando Stanislávski: "o processo de degustação de um papel definitivamente merece muito mais atenção do que a que normalmente se lhe dá. Infelizmente, a maioria dos artistas são inconscientes desse evangelho da verdade"[1].

Para mim, o verdadeiro momento deveria ser mais oculto e mágico; ele é mais luminoso e ritualístico porque, em última análise, dará nascimento a uma nova vida. Uma atitude que é muito prosaica ou pragmática, descuidada ou preconceituosa, ou de demasiada paixão juvenil, durante esse momento do primeiro encontro com o papel, geralmente leva a resultados pobres. Mais tarde, o ator encontrará extrema dificuldade em mudar sua primeira opinião a respeito do papel, em modificar esse conhecimento estabelecido e rígido a seu respeito. É muito melhor começar com uma leve, e até vaga sensação, mesmo que depois se revele imprecisa; essa sensação ainda será capaz de deixar o ator livre. Todo ator experiente sabe que um bom papel nunca se revela de imediato. Pelo contrário, é como se ele brincasse de esconde-esconde com o ator; ele sugere possibilidades, frases e passagens poderosas e brilhantes em que o ator pode demonstrar seu dom, seu charme oculto e temperamento, em que o ator pode se utilizar de situações engraçadas ou trágicas. É um jogo como qualquer outro, mas, sendo um jogo, exige do jogador a habilidade de ser leve, sincero, aberto e livre; ao mesmo tempo, o jogador deve estar atento o suficiente para não cair nas armadilhas apresentadas pelo texto. Tudo deve começar por essas primeiras sensações, com um pequeno jogo. Se você for capaz de encetar a jogar com seu papel, desde o primeiro encontro com o texto, você encontrará muito mais facilidade para posteriormente se aprofundar no seu significado; e você achará mais fácil começar a procurar por seu espírito, por seu fogo interior e pela fonte de sua energia.

Onde e como deve o ator familiarizar-se com seu papel? Penso que as chamadas "leituras" de uma peça no

1 *OE*, v. 4, p. 199.

teatro, comumente organizadas para todo o elenco, são fúteis, porque elas levam o ator para longe de suas percepções pessoais do material. Isso inevitavelmente acontece, mesmo se as "leituras" são inteiramente "artísticas" – até mesmo se, por exemplo, elas são organizadas de maneira espetacular e teatral, acompanhadas de música, poemas e pinturas. E mesmo se a "leitura" for totalmente neutra, assemelhando-se a uma ata de reunião, se for destinada somente a transmitir o texto do autor, então ainda, e até certo ponto, ela sobrecarrega os atores com a posição interior, as ideias e as atitudes de quem faz a leitura e com as entonações e cores de sua voz. Eu poderia ainda ir além: para mim, o ator está melhor sem ouvir sequer a voz do autor, porque a própria voz pode impedi-lo de ouvir alguma coisa de maior importância. O que, exatamente? Voltaremos a essa questão mais tarde.

Algumas vezes, no teatro, as "leituras" acontecem depois que o elenco está completo; e os atores, muito embora escutem toda a peça, na verdade ouvem apenas os trechos de seus repectivos papéis sendo articulados por outra pessoa. Este é, provavelmente, o pior modo de ele entrar em contato com seu papel. Um bom tempo depois de eu começar a trabalhar como diretor de teatro, decidi nunca distribuir os papéis antes de ler a peça inteira. Eu pensei que durante esse tipo de "leitura secreta" o ator poderia ter melhor chance de perceber a peça como um todo. Contudo, mais tarde entendi que o ator está então mais preocupado em tentar adivinhar qual será seu papel e com quem contracenará, por qual papel vale a pena lutar – e qual deles seria melhor deixar de lado; basicamente, ele faz uma tentativazinha em sua mente, mais ou menos como se escolhesse roupas em uma loja. Isso não acontece porque o ator é duro, egoísta e calculista – de qualquer maneira, criatividade é sempre altamente autocentrada; acontece quase involuntariamente, em um nível subconsciente, e ninguém é capaz de mudar a natureza dos atores. Cheguei à conclusão de que qualquer que seja a versão dessa "leitura" coletiva no teatro, o ator é incapaz de reter qualquer sensação mágica e especial de seu primeiro encontro com o papel.

Igualmente, convenci-me de que o ator deve conhecer o papel e o texto por conta própria, na solidão de sua casa, ou onde quer que ele queira; o principal é fazer isso por si mesmo, sem quaisquer intermediários. Esse é um momento íntimo que não deve ser compartilhado com o resto do mundo. Mais tarde, tão logo o ator tenha trabalhado sua própria atitude com relação à sua parte, pode-se organizar quantas discussões em grupo se quiser, mas, no início, devem ser encontros estritamente individuais. Gostaria de citar novamente Stanislávski: "Eu conto com a situação em que um artista irá sentir, e até mesmo adivinhar uma peça, de acordo com seu próprio gosto, de acordo com sua própria personalidade. Conto com a natural, simples, mas necessariamente independente, percepção intuitiva."[2]

Pessoalmente, prefiro ler a peça logo pela manhã, enquanto a mente ainda está fresca e livre das preocupações diárias; então, desligo meu telefone e peço que não me perturbem. Ou leio tarde da noite, quando minha família já dormiu; depois, tendo lido, coloco o texto de lado, guardando o que li em meu subconsciente, de maneira que isso vá sendo analisado em meu sono; pela manhã tudo parece ser completamente diferente, e então tenho de começar de novo.

A julgar pelos meus próprios erros, posso afirmar que não vale a pena correr para a biblioteca em busca de referências relevantes; você não necessita de todas aquelas longas discussões e palestras de especialistas em literatura, história e costumes sociais da época. Antes de o ator determinar sua própria atitude frente ao papel, ele é incapaz de avaliar criticamente as opiniões do diretor do espetáculo, de parceiros experientes ou especialistas renomados. Ele certamente necessitará de tudo isso mais tarde, em seu processo de trabalho, mas, no início, não há espaço para

2 *OE*, v. 5, p. 505.

mais ninguém; há de haver somente o ator e seu papel atual. Ele é seu amante, seu segredo compartilhado, seu próprio e secreto diálogo. Qualquer coisa que se tenha escutado antes sobre a peça e sobre o papel, na forma de opiniões ou discussões, não tem importância agora; deve-se, invariavelmente, começar com uma página em branco.

Obviamente, é bastante difícil começar com uma página em branco quando você está lidando com um texto clássico. O ator precisa ler com seus próprios olhos, libertando-se do fardo de clichês teatrais e tradições de outrem. Vladímir Nemiróvitch-Dântchenko, um colaborador muito próximo de Stanislávski, cofundador do Teatro de Arte de Moscou e notável diretor, costumava dizer:

Eu tenho o texto da peça bem na minha frente. Não quero saber nada sobre sua história anterior – se é uma obra literária ou de teatro. Sei apenas quem é o autor que a escreveu. Não tenho absolutamente nenhum desejo de descobrir o que eles dizem sobre aquele autor na literatura mundial e não tenho também nenhum desejo de passar por camadas e camadas de informação sobre as produções anteriores dessa peça. (Mais tarde vou tentar descobrir isso de qualquer maneira, porque vou ter de corrigir meu próprio trabalho.) O que é importante, para mim agora, é o texto original. Sendo contemporâneo de alguma estética teatral particular, o autor pertencia à cultura teatral de sua época [...] com suas demandas específicas de palco, tarefas e efeitos teatrais, com esse ou aquele design determinado, com esse ou aquele sentimento ou paixão predominante, com modos específicos de traduzir o charme dos atores para o público etc. Tento me livrar de tudo isso. [....] O teatro mudou, a própria teatralidade é diferente nos dias de hoje, assim como a resposta emocional da plateia; portanto, todas as formas e maneiras de se afetar o público não são mais as mesmas ... Abordar um texto clássico sem todas essas opiniões preconcebidas é uma tarefa verdadeiramente difícil de ser realizada, mas é a que nos dá mais satisfação.[3]

Desafiado por uma peça clássica o ator deve se perguntar onde se encontra a fonte de todo poder, de toda a energia

3 *Stati, Pisma, Retchi, Besedi* (Artigos, Discursos, Entrevistas, Cartas), Moskvá: Iskusstvo, 1952, p. 217-218.

33

que a sustenta em sua vida interior até o presente momento. É preciso lê-la de tal forma, como se um dramaturgo contemporâneo a tivesse escrito para o teatro atual, como se ele estivesse compondo-a especialmente para atores com a mentalidade de hoje. Inversamente, quando você estiver trabalhando em um texto contemporâneo, deve abordá-lo de maneira oposta; em outras palavras, você deve ser capaz de percebê-lo como um clássico muito conhecida, que tem se mantido viva durante séculos, um texto que já foi transformado em um mito, com palavras e ditos que já se converteram em citações e provérbios famosos. Pode-se realizar uma espécie de experiência: imagine como determinada peça contemporânea, suas personagens e o próprio texto serão entendidos daqui a cem ou duzentos anos. O que permanecerá? O que será esquecido no dia seguinte? O que será sempre significativo e o que não será nada mais que o reflexo de um modismo corrente? O ator terá então de decidir se deixa o papel ou se tenta e encontra uma resposta a todas essas questões. Cada novo papel apresenta novos desafios e somente o ator pode responder a eles. É importante definir esses desafios; é essencial determinar o lugar ao qual pertencem. E isso poderia eventualmente significar que conseguimos achar o caminho certo para a compreensão do papel.

A Vida Invisível das Coisas Visíveis

Interpretando trabalhos posteriores de Stanislávski e, especialmente, o seu método das ações físicas de uma maneira um tanto bizarra, muitos professores e diretores de teatro com frequência recomendam que os atores sigam uma determinada ordem em seu trabalho com o papel. Segundo essas opiniões, o ator deve começar pelo domínio da vida de um corpo humano e apenas depois gradualmente aproximar-se da vida do espírito. A meu ver, dificilmente é essa uma interpretação correta daquele método, além do mais é indicativa de uma abordagem puramente materialista do trabalho para criar algo vivo.

Eis provavelmente uma das razões pela qual essa metodologia, proposta por Lee Strasberg, tornou-se tão popular nos Estados Unidos. Atores optaram frequentemente por essa abordagem, por ser fácil de compreender, em vez de seguir a sugestão um tanto vaga de que eles deveriam se concentrar no espírito e na luz interior de um papel.

Contudo, depois de estudar a vida do corpo humano, o ator não iria mais longe, satisfazendo-se com a caracterização exterior do papel, com seu comportamento natural associado a ele e com a lógica interna e a intencionalidade de suas ações. É essencialmente impossível e até mesmo absurda a tentativa de preencher posteriormente o papel com seu espírito interior. O espírito é sempre algo que precede a matéria; ele é a verdadeira fonte da vida. Não consigo imaginar que eu possa começar o meu trabalho sobre um papel de outra maneira senão procurando seu espírito interior e tentando compreendê-lo. A "vida do corpo" é por certo uma questão importante, mas deverá ser tratada simultaneamente com a questão primária. Para mim, parece estranho investigar o movimento do corpo, ou o som da voz do ator de maneira separada de seu alicerce espiritual – e muito menos tentar corrigi-los em separado. Como Anatoli Vassíliev, meu professor, repetidas vezes nos contou, seria preciso de preferência se concentrar mais na investigação da vida espiritual do papel, enquanto corpo e voz, juntos, deveriam permanecer em constante estado de improvisação. Esse é o único modo de se conseguir um pensamento estruturado e um jogo não estruturado. Com outro tipo de abordagem nos satisfaríamos com os clichês usuais e com uma imitação mais ou menos esperta do processo da vida.

Vamos considerar a vida da pessoa como um tipo de movimento ao longo da linha de seus eventos principais: a pessoa nasceu, então podemos vê-la em seus anos de escola, vislumbramos seu primeiro amor, aprendemos alguma coisa sobre sua educação, sua família, seu trabalho, seus filhos, e assim por diante. Quaisquer que sejam os eventos específicos e qualquer que seja a ordem em que eles aconteceram, todos nos levam a um final com o qual todos nós mortais estamos familiarizados. Se olharmos e pudermos investigar a vida humana de acordo com esses eventos do começo ao fim, o que podemos esperar desse exame é somente entender sua parte visível. Entretanto, a vida invisível também existe. A vida do espírito humano segue regras diferentes e é preenchida com diferentes acontecimentos. Esse tipo de vida é menos conhecido e nós não dedicamos com frequência muita atenção a ele. Seus acontecimentos são menos perceptíveis e a estrada em si é desprovida de qualquer fim; aqui nossa jornada é diretamente voltada para o infinito.

É fácil julgar um ser humano de acordo com o que foi adquirido ao longo de sua vida visível (deixe-nos chamá-la de "vida horizontal"), mas é muito mais difícil ver o que foi feito durante a jornada ao longo da linha invisível – "vertical" – de sua vida espiritual. Algumas vezes, a vida visível pode ser brilhante e bela, ao passo que a invisível permanece feia ou – reciprocamente – a vida visível pode ser dura e sombria, enquanto interiormente há brilho e luz. Nem todo sucesso na existência horizontal significa o mesmo na dimensão vertical; com mais frequência há uma desigualdade impressionante entre as duas. O lado visível da vida está sempre impaciente para se dar a conhecer, para mostrar-se, enquanto o invisível permanece oculto, demandando um grande esforço de nossa parte a fim de discerni-lo. Não é difícil ver alguma coisa visível, você não precisa ter muito talento para fazer isso; é muito mais fácil comunicar-se com o que pode ser visto. A principal dificuldade começa a surgir quando você tenta estabelecer contato com algo que não pode ser tocado, cheirado ou provado.

Quando abordamos a vida humana, seguindo essa linha visível e horizontal, a única coisa que se torna clara é a atividade cotidiana. Contudo, se estivermos preparados para também levar em conta a dimensão invisível e vertical, divisamos imediatamente uma jornada – de árduo esforço e de sua eventual apreensão de uma verdade superior. São duas histórias diferentes. A primeira, factual e visível, sempre terá um final; é a história da vida material que é tanto mortal quanto qualquer coisa material neste mundo. A outra história toca a imortalidade, porque está intimamente ligada com a vida do espírito. Vida que é invisível e baseada em um esforço perpétuo, integrado e eterno. A vida relacionada a essa dimensão é sempre a vida de alguém cioso em seu desenvolvimento espiritual para a conquista de uma verdade mais elevada.

O ator, ou seja, o ser humano, e a personagem projetada pelo papel estão ambos se esforçando para atingir um conhecimento superior, para alcançar esse encontro final que abre novos e grandes horizontes e nos dá uma visão de valores mais elevados.

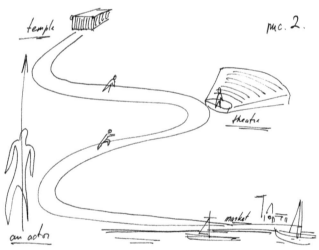

FIGURA 1. *A vertical do papel: do espectador à Ideia.*

O movimento ao longo da linha vertical é sempre determinado por nossos próprios esforços rumo à felicidade e à verdade. Isso pode ser visto como um empenho infinito da vida para ascender em busca de luz. E é esse infinito em si mesmo que nos provê com o verdadeiro poder. Eis como, de acordo com essa metodologia, devemos tentar construir a vida interior do papel; esse empenho deve ser infinito e eterno. É precisamente tal esforço de ascensão e aspiração que eu chamo a Vertical do Papel.

A energia do movimento vertical existe em cada ator, está presente em cada papel. Existe independentemente de qualquer desenvolvimento visual e horizontal do enredo, que pode sempre ser encontrado na peça. Essa energia está, desde o início, embutida no papel (sendo projetada pelo autor, ou, talvez, por Deus). Ela constitui a principal energia do espírito interior do papel. E se ousamos falar em construir o papel ao longo do padrão de recriação da vida espiritual, torna-se cada vez mais claro que o ator, em seu trabalho preparatório, deve, antes de qualquer coisa, definir essa energia. Ele deve ser alimentado e nutrido por ela. Em virtude dessa energia ele se moverá para cima, como se seguisse o feixe vertical de seu papel e aspirasse elevar-se até a sua origem (fig. 1). Já basta de teoria!

Nota do Editor Alemão:

Jurij Alschitz faz claras distinções em sua terminologia. Papel, personagem, pessoa e *personnage* significam coisas distintas. Faz-se necessária aqui uma breve definição com o intuito de oferecer melhor compreensão. O "papel" pode ser visto como imagem artística criada pelo dramaturgo e trazida à vida pelo ator. É o caminho, tal como a partitura musical escrita pelo compositor. A linha das palavras, movimentos e emoções mostra o caminho tomado pelas ideias e temas; símbolos e signos de ideias concretas mostram o rumo a seguir em uma forma artística. Uma vez que cada palavra é fonte da energia por si só, o papel como um todo é uma via para a abertura de uma energia específica.

Aquilo que em geral é referido à personagem (em inglês *character*) é dividido por Jurij Alschitz entre *persona* e *personnage*. *Persona* é para ser entendida como um individuo real, com personalidade e temperamento. *Persona* significa a dimensão viva e compreende a história pessoal com fatos e emoções, com um começo e um fim. Por exemplo, a *persona* Hamlet – era – o príncipe da Dinamarca, que amou, sofreu e morreu no castelo de Elsinore; mas o *personnage* Hamlet – é – uma vez que contém todo o mito, a ideia filosófica, as questões eternas, sendo portanto imortal.

O *personnage* é a lenda, o mito, a substância dinâmica além dos confins do tempo e do espaço. Portanto o "eu" do *personnage* é absolutamente livre, enquanto o "eu" da *persona* limita-se aos fatos escritos para a vida designada a ela pelo autor. O conflito entre essa liberdade de espírito e a limitação da vida física, que é inerente a cada papel, é uma fonte de dinamismo e energia. O "eu" materialista do ator, como ser psicológico, comunica-se com a *persona*. O "eu" filosófico e espiritual do ator comunica-se com o *personnage* e tenta fundir-se a ela na busca da luz da verdade.*

Vamos agora tentar comparar essa teoria com algo que acontece na prática real. O ator, em geral, está primeiramente interessado na vida textual, física e psicológica de sua personagem como *persona*. A principal área de investigação limita-se à vida visível e emocional dessa *persona*, precisamente porque a vida visível parece tão facilmente reconhecível e clara. Deve-se ter em mente que a vida espiritual do *character* como *personnage* é, na maioria das vezes, oculta; muito difícil de ser vista. É por isso que o ator frequentemente se satisfaz com impressões superficiais, esquecendo-se de que o seu dom artístico consiste, em primeiro lugar, em sua habilidade para discernir a invisível e real beleza. Em outras palavras, dom significa a habilidade para revelar algo que se esconde.

O trabalho sobre a dimensão vertical do papel é, em grande medida, determinada pelo quanto se compreende da

---

* Dada a especificidade de tratamento de certos conceitos por parte do autor, optou-se por deixar os termos *persona* e *personnage* em suas formas originais (N. da E.).

própria essência da profissão do ator. Estou convencido de que o ator no palco deve se esforçar na busca da felicidade e do prazer. Eu já havia mencionado isso antes e acredito que representar no palco nos dá um caminho específico para se atingir esse objetivo. Contudo, não é ainda a felicidade suprema, no sentido platônico da palavra; trata-se de antes uma súbita e brilhante descoberta, de um *flash* de luz momentânea. A palavra hebraica, *oscher*, que significando felicidade, pode ser literalmente traduzida como "um imediato golpe de sorte". Isso é exatamente o que deveria acontecer com o ator no momento da representação; é seu dever e sagrada responsabilidade ser feliz e alegre, essa é uma tarefa que do alto nos é atribuída.

O ator ao entrar no palco deve se apresentar de maneira equivalente à do sacerdote ao aproximar-se do altar da igreja. Qual o significado dessa entrada? Qual o significado desse ritual conduzido a cada dia da vida do sacerdote? A cada vez ele representa um encontro com um conhecimento superior, com a luz divina. O sacerdote pode limitar-se a executar o rito formalmente (existem ações práticas e específicas a levar a cabo, ele faz o sinal da cruz, beija o ícone, ajoelha-se, acende uma vela). Em outras palavras, ele pode realizar o ritual e deixar a igreja, sentindo-se completamente vazio por dentro. Ou, pode executar as mesmas ações de uma maneira que elas purifiquem sua alma, tornando-o alegre e feliz, revelando a beleza da harmonia interior e preenchendo sua mente com conteúdo superior. O ator deve ver sua entrada no palco do mesmo modo, ele nunca deve se esquecer de que essa criatividade fundamental encontra sua fonte em um ritual sagrado, em um momento de oração.

Eu, de um modo assaz consciente, tento traçar essa analogia entre a sala do teatro e o templo, porque é essa imagem que de fato nos ajuda a revelar a espiritualidade interior dos ensinamentos stanislavskianos e, por fim, a refutar todas as interpretações materialistas da essência de seu teatro. Para mim, pessoalmente, essa imagem é de máxima importância – primeiro, por fornecer uma base para o meu método de trabalho sobre a Vertical do Papel. Esse trabalho reduz o maior entendimento do significado da presença do ator no palco à própria ideia da atuação, como uma específica e importante missão. A performance de determinadas ações no palco, a articulação de palavras e frases em particular, deve resultar na revelação da verdade interior do papel, em sua luz íntima, em seu significado superior. O ator, do mesmo modo que o sacerdote, enverga trajes especiais, executa atos rituais, articula palavras de um texto quase como uma oração; torna-se uma parte da luz superior e subsequentemente transmite isso ao público presente. A vida humana não vale a pena ser vivida se não compreender ao menos um momento de felicidade. Nós nascemos para experienciá-la. A energia do ator, a energia do papel, a energia do texto, do próprio desempenho, nada valerá o esforço se tudo isso for desperdiçado em vão. Essa energia deveria atingir seu auge, essa energia deveria revelar algo. Se isso não acontece, qual o significado do ato de atuação?

Estaria limitado a descrever tipos e personagens? Deveria a arte limitar-se a mostrar como um ser humano, semelhante àquele que está sentado na plateia, pode comportar-se em face de determinada situação? Poderia nos ensinar uma moral e costumes simples e compreensíveis? Acredito firmemente que não se pode interpretar uma das mais significativas e espirituais das profissões da terra desse modo, arrastando-a para baixo a um nível tão trivial e corriqueiro. Um artista – quer seja um ator, um escritor, um compositor – tem uma tarefa especial a cumprir em nossa sociedade; ele é alguém que transmite luz da verdade superior, de Deus, da suprema Ideia (ou de como quer que você queira chamar isso) para o mundo de cada dia. A arte do ator, ajudando-nos a compreender a essência espiritual do universo, torna-se a ponte para a verdade superior. Não é por acaso que na antiga Grécia o teatro geralmente era edificado a meio caminho entre o templo no topo da colina e o mercado na base e com uma estrada que partia do alto da colina e ligava os dois pontos. Essa linha vertical normalmente estabelecia a ligação entre o alto e o baixo, unindo espírito e matéria. E a honrosa missão de construir essa linha "vertical" era confiada ao rapsodo, ao ator (fig. 2). Creio que se deve começar a trabalhar sobre a Vertical do Papel tentando entender tal conexão.

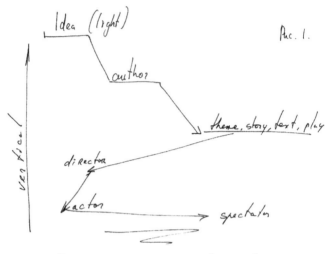

FIGURA 2. *O ator como ponte entre o sagrado e o profano.*

Desconstrução do Texto

Ao iniciar o trabalho com seu papel, o ator normalmente pode escolher entre duas abordagens possíveis. A primeira, muito mais primitiva, resume-se a decorar o texto, caindo em fórmulas prontas e clichês. Não a considero de forma alguma uma abordagem viável. A segunda possibilidade requer uma reflexão preliminar, sobre o papel e que se fantasie sobre ele – mas nós precisamos ser mais específicos. Refletir sobre o quê, fantasiar sobre o quê? Como podemos organizar a corrente torrencial de pensamentos e transformá-la em fluxo organizado? Informações gerais e associações desarticuladas, informações secas e reduzidas, ou livres voos da imaginação desprovidos de direção definida – tudo costuma levar o ator a uma série de questões elementares. Quem é minha personagem? Quais são as possíveis similitudes entre ela e eu? Como ela se comporta em uma dada situação (e como eu me comportaria em seu lugar)? O que ela sente (e o que eu sentiria em seu lugar)?

Em minha opinião, essa é a raiz de um dos mais notáveis enganos cometidos por Stanislávski durante seu primeiro período, quando tentou traduzir a vida retratada na peça, para a esfera das experiências práticas da própria vida do ator e, de fato, buscou essa comparação. Ele entendia seu método como um caminho de enraizar o ator no solo da vida "real", em uma ação indubitavelmente "orgânica". Contudo, nessa situação, o ator pode somente derivar sua energia a partir de suas próprias memórias passadas – e essa é seguramente a mais escassa e pobre fonte de energia. Não seria de esperar que se pudesse sobreviver e representar, usando apenas essa fonte; as baterias inevitavelmente iriam se descarregar, mais cedo ou mais tarde. Você não pode esperar que consiga ascender alto o suficiente utilizando emoções ou ações "orgânicas". E mesmo que o próprio Stanislávski tenha mudado radicalmente suas opiniões, em um período tardio de trabalho, há muitos profissionais que até hoje se mantêm fiéis a essa desatualizada metodologia.

Uma coisa é certa. Uma metodologia que limita a análise do papel a fatos específicos, sentimentos e emoções, a ações que brotam das palavras e situações da peça consistentemente organizadas pelo autor, uma metodologia que segue fielmente uma ordem e ajuda a personagem a se mover de uma situação à outra, enquanto articula todas as palavras relevantes, uma metodologia que constrói um cadeia horizontal de eventos – essa metodologia invariavelmente leva as personagens ao final do enredo, ou seja, ao final do papel, ou, se alguém é corajoso o suficiente para reconhecer o fato, conduz a personagem à sua morte inevitável. Mas a vida nunca é orientada nessa direção, a vida quer continuar para sempre, a vida deseja tornar-se imortal. O corpo perece, mas o espírito continua. A vida do espírito nunca é direcionada para a morte, ela sempre se esforça para atingir a imortalidade.

A vida do papel, todos concordam, não termina com a última frase do texto (ainda que se trate da última frase da vida da *persona*). Contudo, o ator é limitado por esse destino que nos guia do alto, é subjugado pela ordem das palavras e acontecimentos inventados pelo autor e, enquanto interpreta seu papel, o conduz à sua "morte" inevitável. Com certeza, aspirar tal objetivo é absurdo. Mas embora o ator não possa mudar nem o texto nem os acontecimentos da peça, ele pode dispensar a ordem pré-fixada das palavras e situações que o autor escreveu. O ator tem que desconstruir a própria sequência do texto verbal. Há inúmeras razões que justificam tal atitude.

O texto do papel já está organizado de antemão. Não há, praticamente, espaço deixado ao ator: qualquer espaço restante só existe em algum lugar nas entrelinhas. As palavras têm um arranjo prévio, as frases estão coladas, todo o trabalho já foi feito e o ator é obrigado a aceitar essa ordem dada. É quase como se houvesse uma voz ressoante comandando de cima. "Tudo deve acontecer deste jeito!" E, se a ordem é preestabelecida, a única coisa que precisamos é ser um instrumento confiável e obediente. Nada mais é preciso. A voz do alto imediatamente coloca o ator numa posição secundária e subjugada.

Somente depois de ser destruída essa ordem precisa é que surge, de súbito, a necessidade de haver alguém capaz de construir tudo isso novamente. O caos provoca o desejo de criar nova harmonia e o ator adquire a oportunidade única de gerar essa harmonia ele mesmo, de tornar-se autor de uma nova construção. Trabalhar com um texto preestabelecido nunca suscitará o desejo de buscar alguma coisa invisível, que se encontra atrás das linhas. Se tudo já foi cozido antes, nada resta a fazer senão comer o que foi feito. Mas aí você está consumindo – em vez de criando. Do mesmo modo, o instinto básico do ator é o de concentrar seu trabalho em representar aquele texto particular ou articular aquela frase particular. Enquanto ele continuar a trabalhar desse modo, nunca irá além das palavras do texto e sempre permanecerá seu escravo. Nunca dominará a essência do invisível que constitui o espírito interior do papel. Entretanto, durante a desconstrução do texto, os instintos instrumentais do ator não podem realmente entrar em jogo; o impulso interior de inventar coisas pode eventualmente ter uma chance para emergir. Algumas vezes, subitamente algo desperta – alguma coisa arraigada em nossa própria natureza, alguma coisa que está conosco desde a mais tenra infância até a velhice – e esse algo é, de fato, o inconsciente desejo de criar.

Se você pegar uma simples folha em branco e escrever o texto todo de seu papel, imediatamente perceberá que está se confrontando com o caos, isto é, com uma mistura irregular de palavras e frases. É inútil tentar compreender a situação, é inútil tentar compreender o enredo que propicia o quadro da personagem como *persona*. Eles já não existem mais – e você não é mais capaz de seguir as ações dessa *persona*, ajustando os traços que você tem por natureza aos da *persona*. O material todo à sua frente parece ser fragmentário, ilógico – nada além de uma mistura de palavras, pedacinhos e fragmentos de frases quebradas. Você não precisa ter medo disso. Você poderia tratar esse material verbal não como um texto que tem que ser articulado e representado no palco, mas, antes como um conjunto de conceitos que pertencem a uma e mesma área. Não há nada mais que signos peculiares existindo em um espaço ainda não definido. Palavras existem separadamente; elas se movimentam e giram em torno de nós como planetas independentes. Fica bastante claro que elas estão, de algum modo, conectadas entre si; é evidente que elas constituem parte de um único sistema; é evidente que elas se refletem e se espelham umas nas outras, de algum modo específico. Qual é o princípio dessa combinação? Qual é o significado maior que elas tentam o melhor que podem transmitir? Precisamos encontrar respostas para todas essas perguntas. Sem respostas não será possível criar uma nova ordem no texto, organizar seus movimentos ou revelar seus significados profundos.

Dada essa desconstrução, as principais noções do enredo, a situação em si, o comportamento da personagem como *persona*, são simplesmente perdidos de vista. O material nos é entregue dividido em fragmentos individuais, e nos defrontamos com a tarefa de juntar tudo novamente. Mas por que, em primeiro lugar, nós precisamos desconstruí-lo todo? Creio que é extremamente importante para você ver-se às voltas com todos esses pequenos detalhes espalhados em seu redor, como pedaços e peças de um relógio desmontado. Tal situação é o primeiro efeito positivo da desconstrução, criando a necessidade de reunir o todo, o que, por sua vez, desperta o desejo do ator de fazer exatamente isso. Estamos lidando aqui com algo que se assemelha a um quebra-cabeças. O ator, forçado a tornar-se um construtor, adquire o direito de ver a si mesmo como um verdadeiro autor de seu papel. Ele se sente responsável por seu próprio trabalho, que se torna tanto um jogo praticado com o papel como o primeiro e verdadeiro passo para torná-lo um genuíno artista – e é ser um artista que, em última instância, determina a posição do ator em seu relacionamento com o papel.

Ainda um outro joguinho... peguemos uma imagem, uma foto de uma revista. Vamos rasgá-la em pedaços sem tirar ou acrescentar nada. A mesma foto é agora uma composição nova, caótica, tornando tudo irreconhecível. Vamos então trabalhar com essa composição, tentar transformá-la ou classificá-la. Muito cedo você começará a reconhecer o contorno da foto que existiu antes da experiência. É essencialmente a mesma foto, a mesma história, mas agora está sendo contada de uma maneira inteiramente diferente. E essa outra forma de composição nos dá a chance de olhá-la de um ângulo totalmente diverso. Ao reorganizar a foto de novo, a pessoa subitamente começa a sentir-se como o autor real (ou, no mínimo, o autor daquela composição particular).

Outra vantagem surge aqui: o material que nos está sendo apresentado naquela forma desconstruída não pode mais ser usado no seu sentido original. O ator não é mais capaz de usar suas entonações sem originalidade; o próprio texto, de repente, parece ser estranho e inatingível. E isso é uma coisa boa, pois o ator não pode mais enganar a si mesmo, acreditando que o texto já foi por ele apropriado. O texto não lhe pertence – e nunca vai pertencer –, pois ele não o criou; pode tornar-se familiar o suficiente, mas nunca lhe será realmente íntimo. O ator sempre manterá uma certa distância entre ele e o texto – e essa distância jamais pode desaparecer completamente. É essa distância que provê o ator com sua liberdade interior, é essa distância que garante a sua independência artística. Essa é a segunda vantagem da desconstrução. Liberdade e independência significam primeiro e mais do que qualquer coisa, responsabilidade para com sua própria existência.

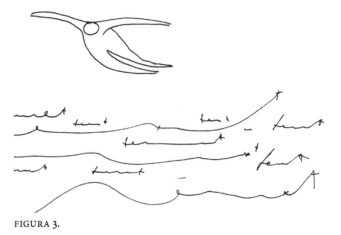

FIGURA 3.

Agora chegamos à terceira vantagem... Enquanto repassa pelas páginas de seu roteiro, o ator não pode esperar ver o texto verbal como um todo. A análise de episódios separados e cenas talvez o confunda, em vez de clarear-lhe as coisas. Entretanto, se fosse possível, de alguma forma, abarcar o todo, tornar-se-ia muito mais fácil acompanhar o desenvolvimento do papel, traçar sua perspectiva futura.

Esse tipo de abordagem incita o ator a compreender o papel, não apenas do ponto de vista do enredo horizontal, mas também de uma posição superior, filosófica e espiritual mais alta. O ator tenta elevar-se acima do texto, a fim de ver tudo em um relance (fig. 3). Sua atenção está agora focada, tanto no papel como um todo, quanto em seus mínimos detalhes. Essas são duas impressões diversas, dois tipos diferentes de conhecimento. Normalmente, os atores recorreriam apenas a um deles, esquecendo-se completamente do outro. Contudo, ambos são indispensáveis para um entendimento realmente profundo do papel. Após apreender o papel como um todo, o ator pode divisar seu ponto inicial e final, seu acontecimento essencial e a direção principal de seu desenvolvimento. Eis por que ele nunca vai se restringir a olhar o contorno externo do papel, sempre há de preferir ter uma vista aérea do todo.

Após alcançar essa impressão preliminar do todo, o ator vai se interessar por palavras específicas. E após analisar palavras específicas, ele começa a procurar signos peculiares que reflitam um sentido mais profundo do seu papel. Graças a esse processo duplo de investigação, o ator tentará organizar palavras em novos grupos e combinações, reagrupando assim uma unidade totalmente nova. Mais tarde tentarei mostrar como isso ocorre, usando como exemplo um de meus exercícios práticos. Depois de apreender o papel como um único movimento, e de acompanhar seu desenvolvimento do começo até seu fim, o ator começa a percebê-lo como um movimento unificado de pensamento, como um irreprimível esforço para expressar uma única ideia concreta.

Vamos tentar resumir tudo.

A desconstrução do texto provoca um impulso natural para remontá-lo. Nesse processo, o ator pode começar a compreender que ele é, de fato, um autor por direito próprio; uma nova energia criativa nasceu, e a própria qualidade do trabalho do ator sobre o papel está, a partir de agora, irrevogavelmente mudado. Já não é a energia instrumental da representação servil, mas a energia da criação efetiva.

O aparente caos faz o texto parecer estranho e irreconhecível. Nessas circunstâncias, o ator não é mais tentado a olhá-lo como algo que já lhe pertence. Uma certa distância entre o ator e o papel é criada, tornando o ator, ao mesmo tempo, mais prudente e menos propenso a confiar nas palavras implicitamente. O ator agora é solicitado a prestar mais atenção a algo oculto sob a superfície do texto; ele é incitado a buscar algo que não pode ser apreendido de imediato. É assim que novas descobertas são feitas na esfera das palavras. E, com o novo sentido revelado, o ator adquire uma nova sensação de independência. Ele começa a compreender que as palavras refletem apenas uma parte desse significado e que são essencialmente menos poderosas do que poderia ter pensado antes. Ele sente que pertence essencialmente ao mesmo nível que o texto verbal; de fato, sua posição pode ser ainda superior. Trata-se de uma sensação muito importante, porque garante a independência do ator com relação às palavras, e garante seu direito inerente e capacidade para improvisar livremente. O ator sente-se livre para definir o significado de seu papel; sente-se livre para criar sua própria ordem artística de coisas.

A capacidade de entender o texto do papel como um todo oferece ao ator a oportunidade de vê-lo do alto, ou seja, de assumir uma posição soberana em relação ao texto a esse respeito. Isso possibilita ao ator entender o movimento interno do papel, não somente em sua horizontalidade, mas também a partir de uma perspectiva igual à ideia principal do texto. Em outras palavras, ele finalmente tem a oportunidade de abordar essa ideia (ao menos aproximadamente, por meio de algum tipo de sensação primária nebulosa e indefinida). Isso também ajuda o ator a adquirir a energia e o fôlego de um maratonista, permitindo-lhe seguir firmemente sua parte até a conclusão final.

Não se deve olhar esse processo de desconstrução como algo negativo, como algo relacionado à completa destruição do texto. Desconstrução não é, de modo algum, um sinal de desprezo ou irreverência, tanto para com o texto quanto para com seu autor. Pode-se, sim, considerá-la como um exercício necessário, como um movimento tático que deve gerar, em última análise, um impulso interior para construir uma nova unidade, para se envolver em um processo de recriação. De forma semelhante, Picasso desconstruía e desmontava a face de seu modelo para depois recriá-la. Em outras palavras, graças a essa desconstrução do texto, o ator adquire uma poderosa energia criativa de que precisa tão aguçadamente para conceber seu papel de uma forma totalmente criativa.

Sobre o Texto

A fim de ressuscitar o texto, temporariamente desconstruído, deve-se encontrar a fonte espiritual que de início havia nutrido seu autor; ou seja, é preciso encontrar a ideia impactante que o levou a escrevê-lo, em primeiro lugar. Essa busca deve começar por definir o tema principal do papel, pois a ideia mais importante revela-se, em geral, não tanto por intermédio de palavras, mas através dos principais temas do papel. As palavras do papel não significam nada, a menos que haja um tema subjacente trabalhado pelo ator. Uma palavra nada mais é que uma fechadura que, eventualmente, temos de quebrar para revelar o tema essencial. É esse tema que deve se tornar mais precioso para o ator do que qualquer palavra sublime do texto, mais precioso do que quaisquer frases bem construídas ou belos monólogos. Somente, ao optar por essa atitude, pode o ator ter esperança de parar de representar meras palavras e de começar a levar à frente o tema principal. Esse é sempre superior ao texto, porque o texto é apenas um dos meios úteis para revelá-lo.

Sob o ponto de vista dessa metodologia, sugiro para meus estudantes de teatro que o tema, visto como um material essencial trabalhado durante a preparação do papel, é um dos mais importantes conceitos teatrais e não uma situação específica, personagem humana ou comportamento que o ator deva investigar; é o tema em si mesmo, isto é, o próprio conteúdo da situação. O tema pode revelar-se a qualquer momento da existência do papel. Pode subitamente vir à superfície nas palavras do texto, na ação, na *mise-en-scène*, na situação, nas pausas, nas notas do autor, na atmosfera geral etc. Mas não é sempre fácil reconhecê-lo de imediato. Algumas vezes, o tema pode ser encontrado praticamente na superfície do texto e então é muito mais fácil lidar com ele; porém, muitas vezes, ele permanece escondido e pode manifestar-se aleatoriamente, manifestar-se por meio de algumas palavras desconexas. Pode-se encontrar exemplos relevantes desse fato na literatura, na pintura, na composição musical – exemplos que nos ajudam a reconstituir a própria construção e o próprio desenvolvimento de várias linhas temáticas. Sua construção na dramaturgia segue o mesmo padrão.

Deve-se começar basicamente com diferentes tipos de análises de papéis. Análises filosóficas, emocionais, estéticas ou psicológicas podem ser usadas como o meio principal de abordagem. De fato, quando um tema é difícil de ser descoberto utilizando-se de um desses meios, talvez valha a pena tentar algo diferente. É sempre importante observar quais ideias o *personnage* usa com mais frequência, isso se mostra bastante útil na definição do tema. Quais são as categorias favoritas de que o *personnage* se utiliza? Deve-se analisá-las para determinar tanto suas relações quanto seu respectivo peso dentro do todo do papel. De fato, as palavras do texto não são iguais em sua significância, algumas delas destravam novos mundos de ideias, por exemplo quando nomeamos "bem", "mal", "felicidade", "verdade", "guerra", "paz", "vida", "morte", "destino", "amor" etc. Outras são menos significativas; elas somente explicam ou acompanham os principais termos – embora, por vezes, possam parecer mais atraentes para o ator. Deve-se prestar atenção às noções utilizadas com mais frequência no texto relativo ao papel; deve-se notar as imagens recorrentes. Essas, de maneira usual, servem como pistas importantes quando você precisa encontrar a solução exata para o seu problema. E muito frequentemente você pode obter uma porção de dicas comparando o começo e o final do papel.

Pode valer a pena tentar organizar essas palavras em grupos separados e combinações de acordo com os temas enfatizados. Assim, torna-se cada vez mais claro o que o tema do papel pode estar nessa passagem particular. A coisa mais importante não é o que a *persona* está fazendo ou articulando agora mesmo – mas o que o *personnage* está falando de fato. Há metodologias interessadas em enfatizar a "ação", fazendo com que a principal preocupação do ator seja perguntar-se: "O que estou fazendo agora?" Deixe--me repetir mais uma vez. O que importa não é a linha de comportamento de uma pessoa, mas os temas; esses devem atuar como pilares quando você está pesquisando o papel. Basta perguntar a si mesmo: quais são os temas aflorados quando o *personnage* está usando essas palavras em particular? O que o *personnage* está investigando agora? E, quando eu estou no palco pronunciando as mesmas palavras específicas, qual tema em particular estou adiantando?

Depois de cumprir essa tarefa, o ator deve ter mais clareza sobre vários temas especialmente importantes do seu papel. Deve-se optar basicamente por temas belos e filosóficos que abordam assuntos nobres e eternos. Gradualmente, um único assunto deve emergir como o principal, ao passo que outros, mais ou menos, esmaecem no fundo, ainda que permaneçam intimamente ligados e subjugados ao tema principal. Agora, o ator pode observar com atenção seu papel, como um entrelaçamento de muitos temas diferentes que se fundem na textura do papel. Desse momento em diante, ele é capaz de compreender a composição do papel como uma alternância de temas; é capaz de compreender e seguir, não apenas a cadeia de palavras ou acontecimentos, mas também uma sequência temática particular. (fig. 4) . Além de apreciar a beleza do texto, o ator se tornará suscetível à harmonia interior da composição do seu papel.

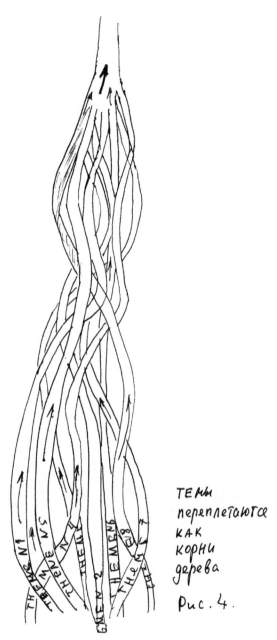

FIGURA 4. "Os temas se entrelaçam como raízes de uma árvore."

A próxima tarefa será tentar compreender a direção de cada tema específico. Se, por exemplo, você encontrar quatro temas, 1-2-3-4, examine cada um deles, para ver onde ele se origina, como se desenvolve e exatamente onde termina. Qual é a principal lei de funcionamento para esse tema específico? O que ele revela dentro do papel e como tudo é feito? Qual é o exato momento em que é feita essa descoberta? Qual é o caminho para essa descoberta? E como isso acontece? Essas questões não são, de modo algum, questões fáceis e simples. E pode-se chegar a conclusões bem diferentes. Se elas estão certas ou erradas, não tem nenhuma importância; o que é importante é que, tendo completado esse tipo de trabalho em cada tema separadamente, você pode começar a construir uma estrutura com eles.

Vamos tomar outra folha de papel e desenhar um esboço grosseiro de cada tema, dentro da composição geral. Pode haver diferentes correlações entre os temas; eles podem se alternar ou, de repente, um deles pode se tornar mais proeminente. Deve-se determinar, por exemplo, se os temas

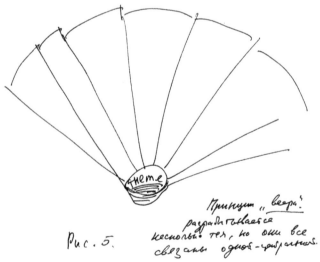

FIGURA 5. *O princípio do "leque", quando vários temas interligados são desenvolvidos.*

coexistem ou se alternam em alguma ordem especial: 1-2-3-4, ou 4-1-2-3-4 ou 1-4-2-4-3-4. Nossa tarefa, agora, é definir onde e como os temas mudam e o que essas mudanças significam para o papel como um todo. Gradualmente, trabalhando passo a passo, você deve chegar à imagem do papel como um único traço abrangente que compreende vários temas. Isso me lembra a imagem de uma estação de trem – que tem se mantido viva em mim desde a infância –, a imagem de um lugar especial, onde todas as múltiplas e diferentes faixas fundem-se em uma só. Claro, o exemplo mais bonito é apresentado no *Banquete* de Platão, em que todos os participantes, procurando juntos a definição apropriada da essência de Eros, parecem inteiramente felizes no empenho de variar e desenvolver o tema durante algum tempo. Finalmente eles percorrem todo o caminho a partir da noção de amor sexual até a noção de Beleza absoluta (figs. 5-8).

Depois de reconhecer os temas e apreender sua composição, o ator deve tentar defini-los em palavras. É muito importante descobrir um termo ardente e impressionante

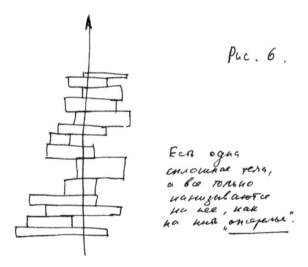

FIGURA 6 – "*Há um tema contínuo no qual todos os outros estão inseridos como as contas de um colar.*"

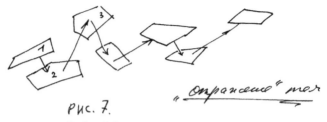

FIGURA 7. *O "reflexo" dos temas.*

que incitará e impelirá sua imaginação e sua energia criativa. O nome encontrado pelo ator deve ser, em primeiro lugar e sobretudo, uma ideia muito significativa para sua mente e seu coração. O nome do tema deve revelar a abordagem original do ator; deve demonstrar sua própria atitude pessoal com relação ao assunto relevante. Ele deve atestar a habilidade humana e artística do ator em conectar-se com o papel; não deve permanecer como algo indiferente ou abstrato para o ator. Stanislávski, de maneira muito semelhante, teria recomendado neste caso uma busca a fim de se encontrar nomes apropriados para fragmentos separados do texto; devo salientar, no entanto, que "tema" e "fragmentos" do texto são duas coisas muito distintas.

Uma vez que o tema tenha sido definido e nomeado, chega a hora de desenvolvê-lo adequadamente, isto é, o momento exato de se tentar descobrir novas possibilidades à sua volta, de tentar cavar fundo o bastante para se nutrir com essa energia interior. Nós começamos o processo mais importante acumulando material relevante. Nesse momento, pode-se muito bem ir à biblioteca em busca de referências específicas, ouvir música, ou olhar álbuns de retratos. Agora, tudo depende da forma como o ator está desenvolvendo o tema principal, da forma como ele o enriquece com suas próprias imagens e ideias, com suas próprias fantasias. O tema pode tanto tomar vida e ser preenchido com energia – como permanecer uma noção fútil, pequena e vazia, uma casca.

Em geral, recomendo a meus alunos que comecem procurando por material adicional no texto dos outros

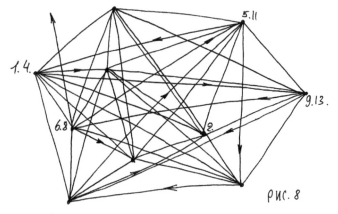

FIGURA 8.

personnages da mesma peça, porque muitas vezes o tema principal, em si mesmo, não é proposto por um único *personnage*, mas está sendo mais ou menos compartilhado por muitos. Pode-se encontrar também material interessante em outras peças do mesmo autor, em suas histórias, novelas, anotações etc. O ator também necessitará de outras fontes úteis para preencher seu tema; pode ser pintura, música, poesia ou dramaturgia. Por exemplo, um ator trabalhando com Dorian Gray, do famoso romance de Oscar Wilde, em que a imortalidade é um de seus temas mais proeminentes, ganharia muito com a leitura do *Fausto* de Goethe ou do *Fedro* de Platão, ou ouvindo a música de Erik Satie, ou olhando os desenhos de Gustave Doré – porque todos esses autores foram penetrantes – cada um a seu modo – ao tratar do mesmo tema. Todas essas imagens ajudariam o ator a encontrar nova abordagem, novo significado e conteúdo temáticos, a explorar novos sentimentos e emoções relacionados ao tema. E, certamente, uma das fontes mais importantes é sempre o próprio ator.

Todos os principais temas já vivem em seu interior. A alma do ator recorda-se de uma porção deles, mas eles precisam ser todos despertados e lembrados. Platão formulou a questão de maneira muito clara em seu diálogo *Mênon*. É importante para o ator ter esse empenho essencial, o desejo de despertar tais lembranças e trazê-las de volta à vida. É certamente mais nobre e digno da parte do ator refletir, filosofar, criar temas que emerjam da fonte de sua própria alma – em vez de implorar laastimosamente à mesa do diretor teatral.

Durante esse período de trabalho – os passos práticos são descritos em pormenor na Parte III e no capítulo sobre treinamento –, o ator é obrigado a acumular tanto material de alta qualidade relevante para o tema e mostrar tanta energia entranhada nesse labor que isso poderia servir para dezenas de trabalhos futuros.

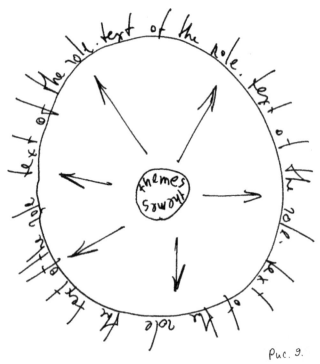

FIGURA 9. *Composição do papel como alternância de temas: o ator como centro.*

Toda aquela tremenda energia agora tentará encontrar uma saída, uma possível liberação; tentará encontrar a forma perfeita para a sua incorporação no ator – mesmo que algo como uma forma perfeita quase nunca seja possível neste mundo. E isso, afinal de contas, não é uma coisa tão má, pois, uma vez que a relação entre a energia vital e o ator não é nunca completamente realizada, nunca completamente efetivada, isso exigirá do ator que continue sua busca por um contato genuíno com seu tema principal. Quanto mais complexo, rico e profundo o desenvolvimento do tema, mais difícil será implementá-lo por completo. De qualquer maneira, o ator pode levar adiante um tema bem desenvolvido durante um bom tempo; ele pode embelezá-lo com certo número de variações. O texto da peça já não mais parece ser raso; torna-se multidimensional e complicado (fig. 9). A própria qualidade do trabalho do ator agora mudou porque lhe proporciona ainda outra oportunidade de abordar alguns dos aspectos de um todo muito mais rico. O desempenho não é mais concebido meramente como uma representação das palavras no texto; já está saturado com o conteúdo do tema. O texto do papel nunca pode expressar a riqueza do tema; e a tensão criada entre o complexo desenvolvimento do tema e as limitadas possibilidades do papel efetivo desempenhado poderá fornecer ao ator toda a energia de que necessita para continuar estudando seu papel e procurar novos recursos expressivos em sua atuação.

Isso significa que o ator deve estar à espreita dos temas realmente elevados, a fim de dominar sua energia interior e alçar sua interpretação muito acima das pequenas e triviais verdades do dia a dia. Graças a essa energia, o ator sempre será capaz de trabalhar nas altas temperaturas, tão propícias à investigação criativa. Um tema bem desenvolvido pode imediatamente estimular o ator, motivá-lo para cada ensaio e para cada apresentação teatral. Ele ficará com o ator e eventualmente será transmitido ao seu trabalho em novos papéis, novas peças. Ele pode continuar assim por um longo tempo, de fato, pelo resto de sua vida, se tiver sorte suficiente. O tema toca o ator enquanto pessoa criativa. Presume-se que ele seja capaz de pensar por si mesmo e não apenas fazer tudo o que lhe está sendo dito. Esse tipo de abordagem talvez mude radicalmente a ideia do que o ator está procurado em seu papel, do que está pronto a aceitar como elemento fundante do seu próprio trabalho, a origem de sua própria energia. Ele não mais será distraído pelos meios concretos de interpretar uma situação específica, de construir uma reação específica, de articular uma frase em particular. Questões como essas se tornarão insignificantes e irrelevantes, nada mais que um pequeno material acessório a se ter em mente. Sua atenção será atraída para o problema principal. O que é que eu estou interpretando agora? A pergunta "o que" se tornará muito mais importante para ele do que a pergunta "como".

Iluminando o Papel

Resumindo: com a intenção de construir a Vertical do Papel, o ator inicia sua preparação necessária. Em vez de estar interessado nessa ou naquela personagem como pessoa; em vez de investigar traços pessoais peculiares, aparências ou comportamento de alguns seres humanos; em vez de decidir quão exatamente pode mover-se, andar, falar, o ator concentra sua atenção no conteúdo do papel. Depois de definir seus temas principais, ele começa por se perguntar: qual é a ideia principal que alicerça esse papel? Onde é gerada? Como se desenvolve? Quais são os momentos decisivos desse desenvolvimento? Em qual passagem particular do texto essa ideia está integral e claramente expressa?

Respondendo a tais perguntas, o ator começa a traçar a linha principal de desenvolvimento dessa ideia. Não acredito em toda essa conversa de ser fiel ao autor da peça. A ideia espiritual é sempre superior a qualquer "voz" particular do autor. Foi, aliás, isso que eu quis dizer quando tentei explicar como o ator deve se familiarizar com seu papel pela primeira vez. A ideia existe independente; ela não pertence a ninguém em particular. O ator não deve ser fiel ao próprio dramaturgo, mas ao espírito do seu trabalho. Portanto, se o ator tem sucesso em revelar a fonte espiritual do papel, isso significa que ele conseguiu encontrar o segredo da vida interior desse papel.

Cada ser humano tem uma missão que lhe é confiada do alto. Já nascemos com essa missão e é nosso dever e responsabilidade encontrar seu significado, compreendê-la e realizá-la durante nossa vida. Não ajuda muito se estudamos nossa forma de comer, ir para o trabalho ou como resolvemos nossos pequenos casos. Não é isso que constitui o segredo da vida; não é isso que lhe dá significado e propósito. Cada papel tem sua própria missão e é a tarefa do ator revelá-la. O problema de encontrar a ideia central resume-se em achar a energia que inspirou o autor a criar esse *personnage*.

A vida interior de cada palavra, cada frase, cada ação ou sentimento, na verdade, a vida interior de tudo que existe no texto do papel, tudo isso foi gerado inicialmente pela ideia principal. Foi essa ideia que subitamente atingiu o dramaturgo como um raio. A ideia o sensibilizou; e então mais tarde ele encontrou um tema a ela correspondente; ele criou um plano adequado e a *dramatis personae*; compôs o próprio texto da peça. E, não devemos nos esquecer: cada passo dado nesse caminho foi induzido inicialmente por essa energia interior.

Do mesmo modo, a Ideia divina está sempre presente em todos nós, em cada minúsculo inseto, em cada folha de grama, em tudo que nos cerca; a luz dessa Ideia está sempre presente em cada fragmento do papel que você interpreta. Mesmo quando parece quase invisível, oculta, difícil de reconhecer, ela ainda continua a existir. E tudo que imediatamente salta aos olhos – todas aquelas palavras, ações ou emoções –, são apenas um débil reflexo dessa Ideia primordial.

Com referência à Platão:

1. a Ideia – existente por direito próprio, independentemente;
2. o autor – escolhido pela Ideia;

3. o tema, o enredo, o *personnage*, o texto da peça – todos expressões concretas da Ideia original;
4. o diretor de teatro – para quem a energia inicial da Ideia foi transmitida através da peça;
5. o ator – recebe a ideia refletida por meio do papel e a transmite ao:
6. o espectador – o último elo desta cadeia. (cf. fig. 1)

Não é difícil adivinhar que, quanto mais próximo estiver qualquer elo dessa corrente de sua fonte principal, menos distorcido será o verdadeiro significado transmitido a essa fonte e mais poderosa a energia com a qual ela se alimenta. É muito mais natural obter energia diretamente do sol do que de seu reflexo num espelho. Quando o ator entra em contato direto com alguma Ideia pura, ele pode conseguir energia sem intermediários. E nada se compara em poder à energia daquela Ideia. É essa energia que dá ao ator sua habilidade para trabalhar; é essa energia que o leva, afinal, para o ápice de seu papel, isto é, até sua verdade interior e para sua própria luz. Esse é o sentido último da construção da Vertical do Papel.

Ideias sobrevivem por muito tempo; algumas até provam ser imortais. Emoções, entretanto, que você pode agarrar hoje não estarão aqui amanhã. Sentimentos morrem como flores cortadas. Eles duram um dia, no máximo um par de dias, e então [...]. Contudo, se você chega a descobrir a Ideia de seu papel, se você consegue construir uma linha vertical que poderia levá-lo até ela, se você estabelecer contato com a origem divina, ela certamente o dominará repetidamente e continuará a gerar novos sentimentos e emoções. Essa estrada conduz o ator ao encontro da luz do seu papel, em direção a um precioso momento de felicidade artística e humana. Essa jornada é sempre difícil para o *personnage*; e é por isso que deve ser igualmente difícil para o ator. Mas, se você realmente quer alcançar a luz do seu papel, essa viagem não pode ser evitada. A pergunta: "O que significa isso – a luz do papel?"- pode ser reformulada para:

"O que é a felicidade?" Essa é a questão número um – para todos nós – e é respondida no dia a dia pelos postulados da crença ou religião, e no teatro pela análise da peça e do papel. Em seguida, vem a questão número dois: "Como vou chegar lá?"; as respostas para isso são fornecidas principalmente pela prática e experiência; elas são definidas tanto pelas escolhas práticas da vida real ou pela prática concreta e pertinentes exercícios de treinamento no teatro. Discutiremos essa questão no próximo capítulo.

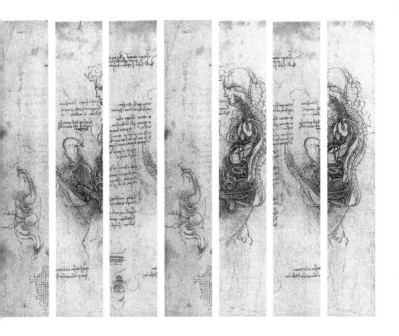

3. CRIANDO UMA ARMADILHA PARA SI MESMO

A História Como Estrada

Sigamos adiante, rumo ao trabalho prático e aos exercícios de treinamento que um ator pode tentar fazer por conta própria e junto com seus colegas. Há um bocado de tempo atrás Aristóteles já havia estabelecido que, ao se analisar uma tragédia, antes de qualquer coisa, se deveria determinar "a ordem dos acontecimentos" e somente então cuidar do restante. No começo do século XX, Vladímir Nemirovitch-Dântchenko sugeriu que atores deveriam começar a trabalhar o papel por meio de um pequeno resumo dos eventos. Durante muito tempo, esse exercício foi largamente usado no teatro, mas depois foi sendo aos poucos esquecido e finalmente desapareceu – talvez, porque parecia simples demais. Contudo, experimentando esse exercício com meus próprios alunos, de maneira inesperada descobri que se podia chegar a resultados surpreendentes simplesmente desenvolvendo mais essa técnica. É por isso que a narração de histórias algumas vezes se torna o principal exercício nessa metodologia sugerida, é essa narração de histórias que fornece uma sólida base para criar a dimensão vertical do papel. A primeira versão da história pode eventualmente ser seguida por uma série de tarefas que, juntas, contribuem para transformar uma narrativa horizontal em uma história verdadeiramente vertical.

Mas, antes de tudo, determinaremos clara e exatamente o que é uma história. A história é essencialmente um tipo de caminho. Quando você conta sua história, você está andando ao longo dessa estrada. Desde o início deve ficar bastante claro para você mesmo aonde exatamente você está tentando chegar. Você precisa ter um objetivo, uma determinada perspectiva à sua frente. Você necessita ter conhecimento e algum senso definido no que diz respeito a esse destino final. Esse último objetivo te atrai e te seduz; é por causa dele, em primeiro lugar, que você está preparado a embarcar nessa jornada. O que você deve fazer agora é determinar todos os momentos decisivos, todos os fatos e eventos que criam o ímpeto interior de sua história. São, essencialmente, iscas e armadilhas que você cria para si mesmo; e você precisa estar constantemente preparado para cair nessas armadilhas a fim de adquirir a racionalidade necessária e a experiência emocional da viagem em si. São para esses momentos de inflexão que você acumula a energia necessária para descobrir o destino final. Quanto mais numerosos esses pontos, mais complexa e cheia de experiências enriquecedoras sua viagem se tornará. A verdade sempre é revelada no final de uma jornada difícil; caso contrário, o viajante simplesmente falha em percebê-la ou reconhecê-la.

1. Em primeiro lugar, simplesmente relate o que aconteceu com seu *personnage* – e ao fazê-lo, tente evitar avaliações concernentes às suas ações. (Isso é muito importante para diferenciar entre a história da personagem e a história da peça, esta última não precisa ser repetida.) Não se apresse

a passar um julgamento sobre o *personnage* – mesmo que o autor já nos tenha levado a isso. Comece a jornada sem ideias preconcebidas; comece-a exclusivamente com algo bem estabelecido, ou seja, apenas com fatos e acontecimentos. A própria ordem desses eventos e a maneira de contar a história dependem de você, é uma questão de sua própria escolha artística. Você pode preferir começar do fim ou pelo meio. Faça essencialmente do modo que quiser. Porém, tome cuidado para não destruir a essência da composição do autor ou mudar a ideia principal da história. A história deve ser contada na terceira pessoa. Crie distância entre você e a história do *personnage*, ocupando uma posição muito semelhante à de um contador de histórias. Depois de algum tempo, essa posição neutra será transformada naquela do autor (não se deve confundi-la com a primeira pessoa da sua história). Essa transformação acontecerá de modo perfeitamente natural, porque, embora a história possa, por um lado, existir sem você; por outro, somente será trazida à vida por intermédio de suas palavras e sua composição. Você irá, graças a esse processo, sentir-se como o autor de sua história e, mais importante, notará um claro deslocamento em seu interesse – da apresentação – para a criação.

Essa posição inicial – não a de um ator representando, mas a de um narrador contando sua história, de certa distância – te dá igualmente a liberdade de manobra, e espaço respiratório para sua improvisação, enquanto a história está sendo narrada. E uma vez que qualquer improvisação sempre exige um conhecimento definido do modo como vai acabar, não basta conhecer o fim da história; esse ponto final deve tornar-se gradualmente sua principal zona de atenção, deve atrair você para si mesmo, como uma isca viva e sedutora, ao longo da jornada. Você notará como a própria imagem desse ponto final mudará aos poucos. Você deve estar pronto para reconhecer e esperar que, ao fim, você eventualmente irá perceber isso de maneira diferente em relação ao modo de como você o via antes. Isso é o que proporciona a viagem em si mesma, com um significado mais profundo. Contanto que você continue a se mover ao longo da estrada, sentirá como se a própria estrada te fornecesse todos os sinais e dicas necessárias, te indicando como viajar nela, como você se comunica com sua própria jornada.

Graças a essa comunicação, você adquire novos conhecimentos; e não são tantos conhecimentos sobre a estrada, mas um *insight* com relação ao seu próprio ser. A estrada continua mudando – o que é perfeitamente compreensível por si só – mas o principal é que você continua mudando com ela. Você recebe novas sensações que nunca havia tido antes; e isso já é uma conquista.

O que acontece a seguir? Claro, você não pode evitar ceder às mudanças em sua própria pessoa. Você compara o caminho no qual estava antes da jornada começar e o caminho no qual está agora. Confronta seus novos sentimentos e *insights* com todas aquelas opiniões prévias e sensações que tinha no início. Qualquer tipo de comparação sempre nos fornece energia adicional; e como resultado dessa comparação, tanto a imagem da última observação e a própria natureza de seus encontros com ela estão seriamente modificados. Isso é muito importante.

2. Dê um nome para sua história. Realmente não importa se mais tarde esse título mudar algumas vezes. Na verdade, é bastante interessante comparar o título inicial com o final. Um ser humano, em geral, recebe seu nome imediatamente depois de ter nascido; e esse nome frequentemente define muita coisa na vida da pessoa. Entretanto, poder-se-ia muito bem dar um nome no fim da vida – um nome que mais ou menos resumiria essa vida em si mesma e seu significado interior.

Na verdade, você pode recontar a história de seu *personnage*, muitas vezes, definindo detalhes, as reviravoltas da trama, mudando sua própria composição; e a cada vez descobrirá que algo inteiramente novo se revela a você no destino final. A cada vez que repetir a história, tente construí-la com relação à comunicação que você estabeleceu, tanto com a estrada em si mesma e, de igual modo, como com o destino final. Não tente conduzir a história apenas confiando na memória de suas tentativas anteriores. Todo o significado do exercício é criação – não repetir, mas tornar a inventar novamente. Mude o modo como você conta a história; de fato mude seu próprio estilo. Por exemplo, tente abordá-la de um ponto de vista irônico, ou considere-a como se fosse um *thriller* cheio de suspense, ou tente encontrar muito humor nela, ou vê-la sob uma espécie de luz trágica.

3. Agora, definimos um pouco mais claramente um princípio e um fim, prestando especial atenção à perspectiva da história. Em outras palavras, precisamos decidir onde ela começa e onde termina, como se desenvolve e qual é a sequência de eventos no seu interior. Quando comparamos o começo e o fim, tornam-se mais claros quais opções podemos utilizar ao construir a trama. Agora é hora de compor o plano para toda a jornada. Você deve encontrar a sequência de partes, de acordo com as quais toda sua improvisação avança. Você deve delinear e experimentar muitas versões antes de fixar uma única composição possível. Dessa forma, terá a assim chamada linha "horizontal" para o seu papel, isto é, o seu movimento de acordo com todas aquelas partes, fatos e eventos dados.

Contudo, isso ainda não constitui a dimensão vertical – apesar de o ator, enquanto ainda está engajado na narrativa de seu papel em um plano horizontal, poder repentinamente dar com o significado da história, com seu conteúdo básico espiritual. Durante os ulteriores exercícios ele deverá prestar atenção à forma como a história em si mesma ganha impulso, a cada parte subsequente, como prossegue adquirindo novos patamares de significado. Somente agora podemos começar a discernir um verdadeiro contorno, a vida diferente do papel. Novos acontecimentos serão revelados – acontecimentos que se mantinham invisíveis à primeira vista – eventos que foram omitidos em versões anteriores da história. Tais eventos são realmente significativos na configuração da Vertical do Papel.

Todas as vezes que você tornar a contar a história, seu instinto de ator inevitavelmente te empurrará para realizá-la em primeira pessoa. Porém, a distância criada ao assumir a posição de narrador de modo algum irá permitir isso. Graças a essa distância, você sentirá certa tensão criada entre você mesmo e seu próprio papel. Isso pode suscitar emoções. Não tente analisá-las de imediato; acima de tudo, não tente fixá-las. Concentre-se apenas em contar sua história; quanto às emoções, elas podem eventualmente surgir ou não. É a própria história (eu procurei anteriormente mostrar como isso acontece) que trará à tona novos sentimentos e, na verdade, provocará seu aparecimento. E a cada vez isso acontecerá de uma nova maneira. Se os sentimentos não chegam, você não deve se aborrecer; não deve tentar forçá-los. É melhor se, ao contrário, tentar alterar algo em sua história. Se você se mover na direção correta, obterá mais e mais sentimentos, a cada vez que tornar a contar a história. Mas você não deve se contentar e se satisfazer facilmente com isso e nem deve apressar-se a expressar tais coisas imediatamente. Não se esqueça de que até agora ainda estamos lidando com a linha horizontal, no desenvolvimento do papel, e os sentimentos associados a ele, a partir disso, são em ampla medida diferentes dos que nasceram quando estudamos sua dimensão vertical.

4. Dê um novo título à sua história. Ele deve refletir sua recente compreensão do tema principal da história. Tente reavaliar se os temas nomeados ainda são importantes e excitantes para você. O ator se nutre deles; e o modo como se alimenta reflete-se subsequentemente no modo como atua. É importante lembrar que tipo de alimento te provê de energia verdadeira. A qualidade do seu nutrimento artístico afetará a qualidade de sua vida artística no palco.

Tenha em mente algo muito simples, a saber, que a energia do final deve ser mais intensa que a do início. E ainda outro conselho: tente começar tudo a partir de uma posição interior elevada. Pode ser algum comentário introdutório, uma piada, uma pausa, uma canção – qualquer coisa que quiser. O mais importante é começar bem alto. O tema em si mesmo, o verdadeiro nome que você deu à sua história, poderá ajudá-lo a começar desde o início como um poema, como um texto de Shakespeare. Não se pode esquecer, por outro lado, que a mira no alto não significa necessariamente gritar ou tornar isso tudo afetado demais.

5. Divida sua história em várias partes e procure definir o assunto principal da primeira parte, o assunto principal da segunda parte e assim por diante até o final. Isso te dará um novo *insight* na sequência temática e o ajudará a definir o tema primordial. Preste atenção no modo como um tema funde-se ao outro; atente para a maneira como eles mudam e se alternam e a forma como o tema principal se desenvolve. Deve estar claro para você, a cada momento, onde você está e por quê. O que você pode obter em cada parte separada? E considere como as coisas que você encontra nelas podem algumas vezes se tornar um tipo de chave que abre a porta que conduz para a próxima parte da composição.

6. No texto original do seu papel tente encontrar uma única palavra para cada parte – uma palavra que, segundo você, reflita melhor o tema desse momento. Então, exatamente do mesmo modo, tente encontrar uma única frase para cada uma das partes. Enquanto observa atentamente todo o papel, imagine como essas palavras e frases separadas podem ser ligadas de novo. Procure definir o caminho que te leva de uma frase à outra. E tão logo isso fique claro, experimente compor novamente a história que é construída totalmente a partir dessas palavras e frases (fig. 10).

Enquanto continua seu trabalho com a história, use aquelas frases, expressões e palavras do autor que lhe pareçam ser indispensáveis. Sua narração da história deve se tornar um coquetel, uma mistura de seu próprio texto com a do autor.

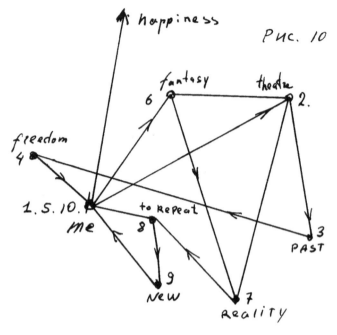

FIGURA 10. *Recompondo a história*.

7. É chegado agora o momento de determinar o evento principal, o momento decisivo no desenvolvimento espiritual de seu *personnage*. Tão logo isso fique claro, a próxima vez que recontar a história, tente fazer todo o possível a fim de "introduzir" esse evento, de modo a ter uma impressão do que significa estar situado no seu interior. Esse evento fundamental não precisa necessariamente coincidir ou ser idêntico ao acontecimento principal num plano horizontal. Pode ser que na superfície esse fato pareça insignificante, quase invisível; ao mesmo tempo, deve adquirir suficiente magnitude para afetar profundamente as fundações espirituais de seu *personnage*. É esse acontecimento que define e acentua a nítida virada no caminho rumo à revelação definitiva de

seu papel. A partir desse momento, seu movimento vai continuar ao longo de duas principais linhas de eventos – aquela do plano horizontal e a da dimensão vertical. Essa bifurcação pedirá, por sua vez, uma volta à análise do texto; exigirá a habilidade para seguir a vida de seu *personnage* igualmente nas dimensões horizontal e vertical. Você terá de desenhar o principal contorno da vida espiritual de seu *personnage*, enquanto mantém em mente o enredo da história. Seu trabalho na dimensão vertical do papel não significa que o enredo deva ser completamente esquecido.

8. Gaste bastante tempo refletindo e encontrando a melhor versão possível para a sua composição da Vertical do Papel. Mesmo ao providenciar um conjunto de episódios bem desenhados, não significa que você já tenha dominado a arte dessa composição. Você deve também estudar a composição interna dos temas, a composição das imagens relevantes para cada sucessiva parte do papel; deve estudar a composição interior das principais noções que conduzem o papel em direção ao momento no qual seu significado espiritual finalmente é revelado. Você poderia também desenhar o esboço de sua composição num pedaço de papel. É um exercício bastante útil. (cf. fig. 12, diagrama de uma Vertical completa).

Você pode, do mesmo modo, familiarizar-se com a composição do papel pela escuta de seu ritmo interior, enquanto está sentado em uma cadeira, ou pode encontrar o ritmo enquanto canta, dança ou simplesmente percorre seu papel usando diferentes pausas e ritmos. Gradualmente, com todos esses exercícios, você aprenderá a combinar a articulação das principais palavras e frases, das várias partes do papel, com a composição da vida física do *personnage*. Essa aproximação física o ajudará a ligar uma parte temática da composição à outra.

9. Vamos seguir em frente. Agora você deve tentar encontrar uma epígrafe para sua história. Essa epígrafe pode

ajudá-lo a formular concisamente a essência principal, a ideia essencial do papel. Houve um tempo em que epígrafes eram muito populares na ficção; sugiro até que você olhe as epígrafes dos romances escritos nos séculos XVIII e XIX.

10. Conte a história de seu *personnage* como se fosse um conto de fadas, uma lenda – e finalmente – como se fosse um mito. Essa ainda é uma continuação da mesma linha; primeiro você fornece um título, em seguida uma epígrafe e, agora, observa atentamente a história toda como um mito. Um mito sempre representa um tipo "modelar" de história. Por sua própria natureza pertence a todo mundo; é compreendido por todo mundo. Um mito é uma síntese de religião, arte, ética e dos ideais estéticos expressos em formas artísticas. Do ponto de vista da estética, é algo brilhante, imaginativo e expressivo. Um mito nos oferece uma base para a compreensão do universo. Os mitos foram largamente usados na Grécia antiga; e estão presentes na arte do Renascimento e do classicismo. Um mito é algo que existe em todos os tempos e em todo lugar. É uma generalização, uma ideia purificada; é a mais efetiva arma para afetar a alma do espectador. Enquanto nos conta uma história horizontal, um mito revela seu significado vertical. Se você chegar à compreensão de seu papel como se ele fosse um mito, irá interpretá-lo de modo vertical, isto é, de um modo mais poético e imaginativo, elevando-se acima dos detalhes triviais do papel. De algum modo, ele o levará a começar seu papel de um ponto inicial superior e representá-lo de forma mais clara e precisa.

11. Chegou agora o tempo de contar sua história em primeira pessoa; e ao fazer isso você deve tentar salvaguardar e manter sua própria personalidade. A melhor maneira de fazê-lo será jogar livremente, farrear e deixar amplo espaço para erros. É por esse motivo que você ainda deve deixar uma área disponível para possíveis improvisações. Deve jogar com sua história da forma como poderia jogar com

o caminho que escolheu, isto é, algumas vezes deixando-a caminhar por pistas secundárias. Só então é que o contorno da estrada começa a se tornar mais claro. A improvisação só pode existir quando você ousa abandonar por um momento a estrada principal. Entretanto, se a estrada principal não está lá em primeiro lugar, inevitavelmente você perde o centro; perde o núcleo interno do seu jogo. Até mesmo um fio brinca com o buraco da agulha antes de passar por ela. Você somente pode tornar-se verdadeiramente lúdico se deixar de lado, por um tempo, o tema principal. Porém, esse tema conecta toda a improvisação; ele não permite, nem permitirá uma liberdade sem fronteiras, ilimitada. Afinal de contas, é somente por meio do tema central que a improvisação pode existir; não se improvisa em geral; a improvisação deve sempre girar em torno de algo claramente definido. E a narração de histórias é a entidade, o tema principal. Você deve tentar descobrir a chave da porta dos fundos que lhe permitirá sair e falar sobre algo que simplesmente te ocorra, através de associação pessoal, algo não usado até agora em seu próprio papel, ou possivelmente até mesmo oposto a ele. O que é importante – deve ser um tema escolhido por você e que você trouxe para o seu papel. Não foi o autor do texto que criou. Vamos descrever isso com uma imagem. Podemos comparar o tema principal com o tronco de uma árvore tornando-se mais e mais belo à medida que mais ramos crescem à partir dele. A alternativa é apenas um pilar (fig. 11).

Há um brinquedo, uma boneca que se encontra em diferentes culturas; na Rússia é chamada "Vanka – fique de pé". O fundo da boneca é arredondado e o constante centro de gravidade, o peso de chumbo ali colocado, invariavelmente traz o brinquedo de volta à sua posição vertical inicial. Nessa posição vertical, a boneca deixa de brincar e já não é mais um brinquedo. Quando você tenta tombá-la, quando procura mudar sua posição dramaticamente, ela sempre tenta retornar à linha vertical. Sua própria natureza, a essência inteira de sua natureza como boneca, baseia-se

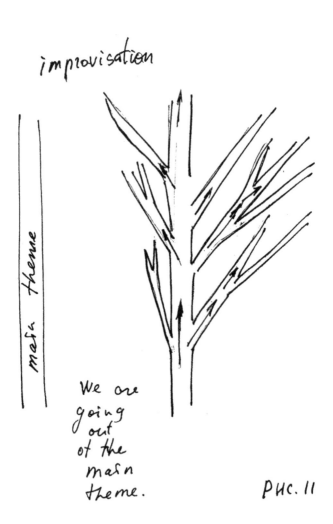

FIGURA 11. *Improvisação: saindo do tema principal.*

nesse princípio de perda e recuperação de seu equilíbrio interior. Sem isso ela continuaria sendo nada mais que uma boneca morta.

12. Se, no início desse círculo de exercícios, você contava a história, sentado em uma cadeira, experimente agora fazer o mesmo de pé (ou em alguma outra posição). Dê ao seu corpo uma oportunidade para contar a história à sua maneira. Você pode andar, correr, pular; pode usar todas as possibilidades físicas que seu corpo oferece e todo o espaço onde você se encontra.

13. Insira uma pausa de atuação em sua história; isto é, experimente inventar uma maneira de existir sem palavras. Essa pausa deve estar ligada à ideia principal de seu papel, ao seu objetivo final. Deve tornar-se um ritual definido para você; deve encontrar seu lugar não no conglomerado de eventos externos, mas, sim, no desenvolvimento da vida vertical do papel, em sua filosofia interna, em seu crescimento espiritual.

14. Nesse estágio de seu trabalho, você certamente sentirá necessidade de adereços, até mesmo alguns detalhes de figurino. Isso irá ajudá-lo a ficar mais confiante no palco. Você é um autor, um ator, um diretor teatral e, agora, um cenógrafo também. Até a história não é apenas uma história; ela está sendo transformada em uma atuação solo.

15. Enquanto está desenvolvendo a história, experimente adicionar música, especificando com antecedência o momento apropriado, assim como a maneira de introduzi-la. Música é, em geral, uma forma de expressão muito poderosa e você deve ser extremamente cuidadoso quando usá-la. Durante a atuação ela muitas vezes se torna uma espécie de suporte para o ator, ou, em linguagem teatral, uma "muleta". Mas, enquanto prepara seu papel, você não deve preocupar-se com isso. O que importa é deixar a música provocar sentimentos e emoções; ela deve ajudá-lo a

mover-se de uma parte à outra da composição e até mesmo ajudá-lo a revelar o conteúdo. Depois de usá-la por algum tempo, pode mudá-la ou deixá-la de lado completamente. Aqui, como em qualquer outro lugar, a gente deve ser guiado pelo próprio gosto e compreensão.

16. Da mesma maneira, você pode encontrar então a oportunidade de introduzir poesia em sua história. A transição da prosa para o verso sempre fornece um trampolim para sua história. A inserção de versos demandará concentração no significado interior; isso lhe dará a oportunidade de expressar a essência do papel através dessa linguagem "superior".

Depois de cumprir essa série de exercícios, você verá que sua história já se transformou num longo monólogo. Não é mais uma história, mas um monodrama (fig. 12). Já não levará apenas cinco minutos para contá-la; mas trinta a quarenta minutos, possivelmente até uma hora. Você notará que as coisas, das quais você fala, a qualidade de seus sentimentos e emoções, toda a estrutura de seu pensamento – resumindo, todo o seu ser – agora se orientam em direção a uma vida totalmente diferente no palco. A própria maneira de você atuar mudará. O caminho do seu papel agora é projetado de acordo com leis diferentes, consiste em acontecimentos totalmente diferentes, e é direcionado ao longo da linha vertical. Em minha opinião, essa é a mudança que constitui o significado de seu trabalho sobre o papel. Agora está finalmente pronto para encontrar seu diretor de teatro; você está pronto para ensaiar com seus parceiros. Mas agora você tem algo importante para compartilhar com eles.

PERGUNTA: E o que acontece ao ator quando ele encontra essa "luz superior" do papel?
RESPOSTA: Você está tentando ser irônico, mas eu lhe darei uma resposta que vai além das piadas... O ator para de

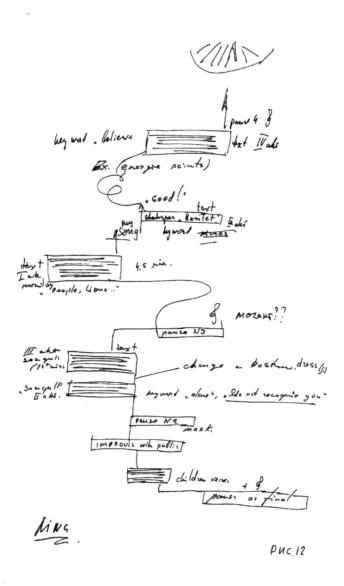

FIGURA 12. *As pausas.*

atuar. Ele se torna transparente. Agora sua principal tarefa é deixar de estar lá. Isso constitui o ponto mais elevado de sua missão. A Ideia em si, a luz do seu papel, pode passar diretamente através dele, para alcançar os espectadores. E é nesse estado de não ser que o ator experimenta o maior prazer artístico. Esse é o momento da revelação. O ator toca a luz. E sua missão elevada é deixar que a luz passe livremente através de sua própria natureza.

PERGUNTA: E também não é possível que essa revelação simplesmente não ocorra?

RESPOSTA: Não há garantias. Mas há sempre um novo ensaio e uma nova atuação à sua frente... E, em geral, será que a Verdade superior nos visita todos os dias? A revelação divina chega até nós em cada prece? A dimensão vertical do papel não é um resultado; é antes um caminho a seguir. É a mais normal, cotidiana e, na mesma via, infinita luta em direção à luz. E seu sentido consiste nesse próprio infinito.

Treinamento – A Cada Dia um Passo Adiante

Um método deve ser apoiado por um treino com exercícios especiais encorajando não apenas sua adequada compreensão do método, mas também seu uso prático. Um ator se beneficia muitíssimo de exercícios corretamente escolhidos, porque isso pode fornecer uma oportunidade real de preparar a realização de suas fantasias no palco e monitorar a construção da Vertical do Papel. Cada treinamento necessita da orientação de um professor ou diretor, e eu considero esse treinamento como um importante aspecto do meu trabalho. Por esse motivo solicitei à Christine Schmalor, minha ex-aluna, que escrevesse esse capítulo. Ela trabalha como professora de teatro e utiliza minha metodologia nas suas aulas e no treinamento com atores. Como o tamanho deste livro é limitado, escolhemos somente poucos exercícios como modelos.

O dia do ator deve começar melhor com um treinamento pela manhã. Pelo termo "treinamento" nós geralmente compreendemos exercícios físicos para manter o corpo em forma. O treino do ator deverá explorar, além disso, o fato de que o corpo compreende de modo mais rápido, direto e mais completo que a mente. Através de sua constituição física, podemos abordar questões e problemas do método de atuação, assim como percepções filosóficas e a análise dos roteiros. Sendo esse o caso, deve haver também uma forma de treinamento que especificamente sustente o trabalho na Vertical do Papel, tratando de ofertas com diferentes grupos de tópicos, de maneira a prover o ator com técnicas e a base intelectual de seu ofício. A experiência tem me ensinado que, precisamente porque o trabalho com a Vertical do Papel é uma tarefa pelo individual, a importância do trabalho conjunto não deve ser negligenciada no treinamento. Dinâmicas de grupo nos permitem entrar em território desconhecido. Na sequência, quero sublinhar o Treinamento Vertical com base em alguns exemplos, no curso dos quais quatro tópicos serão colocados em primeiro plano:

1. *Compreender a "Vertical"*
2. *Energia*
3. *Composição*
4. *Trabalho com o tema*

Esses tópicos devem ser trabalhados, mais ou menos, em paralelo um com o outro. As tarefas tornam-se mais complicadas dia a dia e diferentes aspectos complementam-se e alimentam-se uns aos outros.

Por esse motivo sugiro começar no primeiro dia com um exercício muito simples, que chamo de A Tempestade: com o emprego de diferentes caminhadas de ir e vir e constantemente acelerando o ritmo e alternância, a energia é mobilizada e o sentido de equilíbrio é posto à prova, até que, de repente – a um sinal – os participantes têm que manter esse equilíbrio em uma perna só, com os olhos fechados. O equilíbrio deve ser adquirido não através da horizontal, mas por meio da vertical. Esse simples exercício, por si só, proporciona informações sobre a condição geral de uma pessoa. Ele pode funcionar como um sismógrafo de sua harmonia interior. Desequilíbrios algumas vezes aparecem aqui, antes que o intelecto os tenha aceitado. Essa tempestade, que cada indivíduo no curso do processo desencadeia em si mesmo, leva a um ponto culminante: equilíbrio na orientação vertical. Esse momento pode ser conectado com o pronunciamento da palavra "eu" e mais tarde também com o nome da pessoa ou do personnage. *Todos os movimentos, toda a energia, estão concentrados em um único momento, no qual a quintessência da existência, ou seja, eu próprio como "eu" ou na forma do meu nome é lançada no cosmos. Esse grito não deve ser um resultado, porém um alvo. Em suma, já se trata do primeiro passo para um entendimento prático da vertical com o objetivo de enviar a verdade essencial e básica para o espaço. Um aspecto interessante disso, que não deve ser subestimado, é que em várias culturas o pronome relativo ao "eu" começa com i ou j. Expresso como a vogal I* colocada em primeiro plano, é dado ao sujeito o signo impresso apropriado por sua orientação vertical. Em inglês I, alemão ich, francês je, italiano io, russo iá etc. Esse exercício oferece infinitas oportunidades de expansão, nos dias e semanas que se seguirão: ao repeti-lo e desenvolvê-lo, eu atribuo um peso crescente à influência de diversos aspectos, tais como a acumulação de energia, o caminho no espaço e no pensamento. Em um único momento e com uma só palavra pode-se expressar tudo; por exemplo: com o termo eu, ou com o nome de alguém, que é a expressão do entendimento concentrado que se teriam do mundo e de sua filosofia individual e única.*

Paralelamente, é preciso que o trabalho com os centros de energia esteja preparado, para que uma acumulação de energia possa ser alcançada: cada cultura do mundo conhece

---

* O argumento está apresentado a partir do inglês *I* (N. da E.).

exercícios para a ativação dos centros mais importantes de energia do corpo. Esses pontos bioativos têm diferentes nomes, mas seu sentido é universal. Cada ator, diretor ou professor deve, portanto, encontrar o método de ativá-los, que lhes convenha, de acordo com sua herança cultural ou com o objetivo de seu treinamento. De uma forma simples os atores movem-se no espaço e são atraídos por esses pontos bioativos, ou atuam através deles. Para começar, o "terceiro olho", o ponto imediatamente abaixo da laringe, o plexo solar e o monte de Vênus devem ser suficientes, em conjunto com pontos complementares, nas costas e atrás da cabeça.

Se se combinar a Tempestade e o trabalho com os centros de energia com uma intenção específica e se essa tempestade for planejada, então, já se alcançou a devida combinação dos três mais importantes aspectos da técnica da atuação; o caminho que vai do caos até o ponto culminante na orientação vertical, com a ajuda do emprego consciente dos diferentes centros de energia, tudo pessoal e previamente planejado como fases de uma composição.

A composição pode, também em paralelo, ser treinada por meio de muitos e diferentes exercícios. A composição é, sabidamente, a habilidade de uma pessoa de planejar seu caminho com antecedência; em outras palavras, de compor e executar, não com 50% de dedicação total, mas 100% desde o início, usando todos os meios necessários. Por que é isso tão importante? O objetivo é desmontar, no ator, a distinção instintiva entre o que é o assim chamado real e o que é só o ensaio. O trabalho na Vertical é sempre real, uma vez que nunca visa a performance, mas é sempre pesquisa sobre a vida no palco, ou no estúdio, ou em casa. Composições de atuação requerem a imaginação do performer e sua habilidade para visualizar e planejar. Se temos o plano claro à nossa frente podemos passar diretamente à sua execução. Se, no interior dessa estrutura, que fornece certa segurança, realmente nos empenhamos em investigar a atuação, podemos eventualmente experimentar algo no palco que não tenha sido planejado com antecedência. Mas não vamos nos perder porque a composição está implementada. E – o que é quase mais importante – pode-se refletir depois sobre o que se fez e comparar isso com o plano original. O círculo fecha aqui, quando Jurij Alschitz fala do ator como autor. Atores que aprenderam a técnica das composições de jogos não querem mais se afastar dela nos processos de ensaios normais, uma vez que envolve muito mais liberdade intelectual e performativa.

A mestria na manipulação das composições cria o distanciamento essencial e a perspectiva consciente, que são a base indispensável para a Vertical do Papel, e espera-se que atores, como foi descrito no capítulo anterior, criem suas próprias composições na forma de colagens de material. O treinamento deve ajudá-los a dar o passo para superar o limite, entre o plano intelectual e a atuação, sem esforço. Como exemplo eu poderia descrever o exercício com o qual nós começamos o ulterior desenvolvimento desses atores, e no qual a própria composição concreta da primeira narração de histórias efetuada por eles, ou sua primeira performance da vertical, pode ser produzida e desenvolvida no treino.

Isso pode começar com um exercício preliminar, o Labirinto: cadeiras são dispostas sobre todo o espaço do chão, de tal modo que é possível mover-se com facilidade entre elas e qualquer ponto. Os atores alinham-se de um lado da sala. O exercício consiste em cruzar para o outro lado, com os olhos fechados, sem tocar nas cadeiras. Para fazer isso é preciso, com antecedência, elaborar e memorizar um caminho. A segunda metade é naturalmente mais difícil que a primeira. A principal razão para isso é que frequentemente em nossos planos nos esquecemos do fim. Isso mostra claramente que as únicas pessoas que atravessam o labirinto com sucesso são aquelas que contemplam o caminho a partir do final e tem imaginação para visualizar seu plano.

Prever a própria rota vem a ser o tema central para o ator, tão logo ele comece a atuar com a Vertical do Papel. Torna-se claro para os atores que planejamento e composição são inconcebíveis sem perspectiva. As perspectivas da performance significam igualmente começar um passo à frente de seus próprios movimentos, tendo, ao mesmo tempo, o momento final e vivo após o momento final nos olhos da mente. Aqueles que internalizaram esse acesso, tanto no palco quanto na vida, são capazes de se mover acima do plano materialista, pois não estão envolvidos nos detalhes do aqui e agora.

A Composição da História do Labirinto: vamos deixar as cadeiras como se encontram na sala e usá-las como pontos de referência para o próximo exercício de composição: os próximos passos podem ser adotados em paralelo por todos na sala. A atmosfera é de busca pessoal, e não de demonstração. Enquanto uma pessoa ainda está pensando, outra pode já estar em movimento. Cada ator precisa, em primeiro lugar, ter uma clara concepção da composição de sua história ou vertical – dependendo da fase que seu trabalho atingiu – e definir essas partes distintamente. Quantas são elas, e quais os pontos em que começam e terminam. Pode-se recomendar um máximo de dez partes, porque, caso contrário, torna-se difícil, no início, manter uma visão geral.

O primeiro passo agora é percorrer a composição na sala de ensaio, usando uma cadeira ou uma situação espacial especial, como território para cada componente da composição. A princípio isso pode ser muito simples: você se senta em uma cadeira e esclarece em sua mente o que deseja dizer com esse trecho da história. Na próxima etapa a expressão física específica é acrescentada e aqui isso é importante, não para ilustrar. Os atores agora têm que decidir títulos para as partes de sua composição e selecionar a palavra ou sentença mais importante de cada parte. Quando agora eles vão para o palco, a questão com que se defrontam é: como faço para ir de um ponto para o próximo, qual é o caminho; e então eles dão expressão à palavra mais importante com um gesto. Os pontos de energia são de novo ativados, de modo que ao trabalho puramente mental da "narração de história" é dada expressão física e energética.

Em cada etapa, os atores podem mostrar suas composições uns aos outros. O exercício pode, por exemplo, ser formulado do seguinte modo: primeiro dê os títulos, como uma lista do conteúdo num livro, então faça a composição no espaço e conte a história usando a composição no labirinto, até onde isso seja possível ou desejado. Em nosso treinamento, os atores – sem realmente perceber – já estão apresentando uma cena que combina sua "composição energética" com ações no espaço e livre narração de histórias. A partir daí cabe às habilidades improvisatórias do professor a expansão dessa trajetória de um modo orgânico, adicionando constantemente novas tarefas e novos elementos.

Os tópicos que já haviam sido discutidos – compreensão da vertical, energia e composição – somente atingem profunda significância com o trabalho sobre o tema. Para treinamento, eu sugeriria a improvisação da fala como o caminho a seguir. Há muitos exercícios de fala livre e narração de histórias para auxiliar o fluxo da fala e a corrente de associações. Na situação de estresse da improvisação, a imaginação torna-se mais fértil e trabalha melhor. Paradoxo, humor e ironia são a base para voos livres da fantasia e criatividade. É precisamente no treinamento que se pode, adotando a posição de brincalhão e jogador mais que a de filósofo, usar desses artifícios retóricos a fim de produzir todo o alcance e seriedade de um tema tangível e reproduzível.

Há um exercício no qual dois parceiros contam a história "Palavra por Palavra" alternadamente dizendo uma palavra a cada vez. Flexibilidade mental e poder imaginativo podem ser treinados através de títulos sugestivos, por primeiras e últimas frases, ou até mesmo por cabeçalhos para partes separadas. Sua escolha das sugestões oferece meios de abrir temas e gradualmente aumentar o registro linguístico, o grau de abstração e o nível de associações intelectuais. É quando o trabalho conjunto comprova ser especialmente útil porque as dinâmicas de grupo podem ser aproveitadas, para elevar o nível de associações e, em conjunto, desenvolver imaginação artística e filosófica, o que igualmente facilita a busca pela vida interior e espiritual da personagem na qual o grupo esteja trabalhando.

Junto com a situação de estresse que a improvisação estimula, porque requer velocidade, o polo oposto também deve ser cultivado, proporcionando o tempo para a pessoa ouvir a si mesma, para escutar seu próprio eco. O processo de falar abre caminho para pensamentos, imagens assumem uma vida que você gostaria de comunicar, emoções surgem, atmosferas desenvolvem-se. Por que eu começo a falar? Algo me impele a experimentar mais pela fala. Uma nova e profunda compreensão chega a mim pelo ato de falar, dando-me energia. Isso, por sua vez, me leva a continuar falando e a novas descobertas.

Todos nós conhecemos o fenômeno que Heinrich von Kleist chama "a gradual formação de pensamentos no ato da fala". Recomendo vivamente esse pequeno artigo a vocês. Lê-se como se tivesse sido escrito para nós. "O francês tem um ditado: l'appétit vient en mangeant" (o apetite vem com o comer), e essa máxima permanece igualmente verdadeira quando parodiada: l'idée vient en parlant (a ideia vem com a fala). Kleist prossegue apropriadamente: "por eu ter uma vaga ideia, que tem uma remota conexão com o que estou procurando, a mente, se eu audaciosamente começo a partir disso, vou, enquanto falo, sob a compulsão de encontrar um fim para o meu começo, transformar aquela vaga ideia em completa claridade; então o conhecimento está, para meu completo espanto, no final da minha sentença [...] Linguagem é, portanto, não uma quebra na roda da mente, mas uma segunda roda funcionando paralelamente no mesmo eixo"[1].

Uma vez estabelecido o fluxo da linguagem em movimento, estamos mais uma vez de volta ao tópico da energia. A energia das ideias, intimamente ligadas à do pensamento, é a mais elevada forma de energia. Mas em nosso treinamento temos de resolver o problema de como expressar isso, ou seja,

---

1 *Werke in zwei Bänden*, Weimar: Aufbau, 1985, p. 308-311.

o treinamento deve ir além da pura ativação de pontos de energia, de modo a enviar e receber essa energia. Parceiros e exercícios em grupo são especialmente bons para isso. Lado a lado com o envio e recebimento de impulsos puros, pode-se usar longos haustos de respiração, e a partir desse ponto inicial pode-se continuar com sons. Um efeito colateral disso é uma gentil massagem no aparato vocal e o aumento do volume da voz. Eu gosto de trabalhar com diferentes qualidades vocais, e deixo os atores experimentarem por si mesmos. Qual vogal surge naturalmente e quão forte é ela projetada? Qual vogal pode ser melhor agrupada que outra e, portanto, projetada com mais precisão? Há uma conexão entre a vogal principal em uma palavra, sua localização no corpo e o significado da palavra?

Os próximos passos são direcionados no sentido de agregar energia e som – e, subsequentemente, palavra, linguagem e, por fim, significado. Trabalhando com respiração e produção sonora pode-se ver quão importante é a precisão. Cada instrumento de sopro necessita de um fluxo preciso de ar para trazê-lo à vida, de outro modo ele permanece mudo. É com exatamente a mesma clareza e precisão que a linguagem deve ser projetada e o corpo controlado em cada cena, de modo que as ideias ganhem uma direção apropriada e um poder expressivo. O inverso também é verdade, ou seja, é necessário precisão do pensamento para produzir precisão da expressão, e é por isso que o trabalho com nossos tópicos é tão importante. O aumento de energia que não é dirigido a nenhum fim pode impressionar, mas não produz efeito e somente resulta em exaustão sem sentido. Um exemplo da arquitetura da igreja pode ilustrar como os construtores de edifícios religiosos tentaram concentrar energia espiritual. Uma cúpula se eleva acima do cruzeiro, e no centro da cúpula está o olho, uma abertura através da qual todos os hinos e preces que são ofertados devem ser capazes de chegar diretamente a Deus. Nós devemos fazer uso desse mesmo princípio.

Se continuarmos agora com nosso trabalho no "Exercício-de-Enviar-e-Receber" com palavras e trechos do texto, torna-se importante dirigir conscientemente a trajetória de voo das palavras. Uma troca direta e horizontal tem apenas um pequeno âmbito de energia e gradualmente fecha os centros de energia de seu parceiro, porque essa forma de comunicação sempre contém uma larga medida de energia agressiva, à qual o destinatário tem de responder de um modo ou outro. É necessário projetar a palavra num arco elevado, mas com absoluta precisão. Dessa forma não há limite para treinar a máxima abertura e projeção. O corpo inteiro é mobilizado nesse esforço.

Com a mobilização do corpo através de exercícios energéticos, combinados com o trabalho sobre o tema, abre-se um novo e amplo complexo – uma específica e performativa expressão por meio dos gestos. Quando procuro pela vida incorpórea da personagem por meio da Vertical do Papel, surge automaticamente o desejo de encontrar modos possíveis de atuação que vão muito além do estilo realista material normal. A partir do conhecimento do maravilhoso poder expressivo do corpo humano, que devemos chegar a conhecer a partir de dançarinos e artistas do movimento em uma variedade de disciplinas, nós podemos sentir que o modesto repertório diário do estilo de atuação realista não pode ser a resposta plena. O desenvolvimento de uma nova e apropriada forma de expressão não exige necessariamente acrobacias. Nossa investigação volta-se antes para o mais fundamental, para os recursos profundamente enraizados dentro de cada ator.

Isso pode ser suficiente a um primeiro olhar para o trabalho sobre a atitude na nova pesquisa de práticas teatrais que Jurij Alschitz começou em seus laboratórios. Em conjunto com o exame das expressões físicas do gesto, o vasto campo da expressão verbal se abre, já que aqui também podemos discernir uma desvalorização da palavra, de sua expressividade e, por conseguinte, de seu significado – esses são dois tópicos que precisam ser mais pesquisados e ainda mais sistematizados. Quando os atores completaram satisfatoriamente o treino descrito neste capítulo, eles terão adquirido as noções básicas e um ou outro pode ficar curioso e sentir desejo de

empreender uma viagem em territórios desconhecidos. Esses são atores que recebem convites para laboratórios de pesquisa. Agradeço a todos aqueles que nos acompanharam até aqui e tornaram possível esta pesquisa prática do teatro.

Christine Schmalor

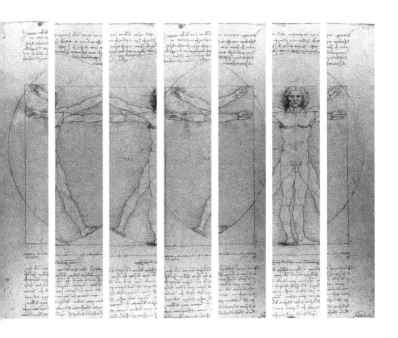

4. EXPERIMENTO EM MIM MESMO

No trabalho de meus excelentes professores, Iúri Malkóvski, Oleg Kudriatchov, Mikhail Butkévich, e Anatoli Vassíliev, havia sempre uma qualidade que os distinguia de centenas de outras pessoas de teatro. Mais tarde, reconheci imediatamente a mesma qualidade distintiva quando conheci Peter Brook, em conversas com Jerzy Grotowski e com Serguêi Issaev. O teatro para eles nunca era um local de trabalho. Era sua experiência pessoal, a busca de um caminho próprio para algo superior, não importa como isso fosse chamado por eles. Aprendi muito com eles, e honestamente tento continuar e desenvolver muito daquilo que eles me deram. Porém, o mais importante é que, graças a eles, comecei a pensar minha profissão não como uma oportunidade de mostrar-me e mostrar as minhas ideias, mas como minha própria experiência humana e artística.

A Vertical do Papel é, antes de mais nada, um experimento de laboratório, uma experiência para e pelo ator;

ela não está destinada a ser demonstrada. No entanto, os atores mostram muitas vezes ao público material coletado e elaborado durante o trabalho com seus papéis. Por certo, não sou contra isso; até gosto de assistir a essa elaboração – mais do que os resultados alcançados. Mas não é o assunto mais importante que discutimos aqui; o que mais importa é essa tremenda diferença na qualidade da experiência do ator se o seu empenho é o de buscar a luz do papel. Isso pode ser visto como um experimento conduzido pelo ator sobre si mesmo, um experimento realizado por meio do teatro. Sempre que o ator começa a trabalhar, não tanto no contorno externo do papel, mas preferencialmente no seu espírito interior, esse labor aqui contribui para seu próprio crescimento espiritual. Como sabemos, há uma porção de coisas no papel que estão fora do controle do ator; entretanto, a metodologia sugerida aqui revela que ele dispõe de muitas qualidades preciosas que estão além das exigências de um papel particular. Muitos de meus próprios alunos – a maioria atores profissionais, maduros, na casa dos trinta ou mais – têm descoberto a si mesmos como atores, pela primeira vez, somente através desse tipo de trabalho. Sempre que isso me acontece exclamo intimamente: Deus, que tremendos potenciais de ator há nesse mundo! Quão raramente lhes damos algum uso efetivo!

O grande problema da capacidade do ato de trabalhar é da maior relevância na situação teatral atual. Vamos começar pelas escolas de teatro. Na realidade, elas não desenvolvem nenhuma metodologia para o ator independentemente do trabalho com o papel. Com muita frequência seus currículos sequer incluem o trabalho do ator sobre si mesmo. O problema é, por assim dizer, que isso é excluído da formação do ator. E enquanto a metodologia de trabalho dos estudantes, com seus professores, tende a ser mais ou menos satisfatória, qualquer trabalho independente em geral permanece confuso e caótico. Após se formarem numa escola de teatro, os estudantes, como regra, não têm ideia de como abordar seu trabalho com o papel, como continuar por conta própria. E isso basicamente significa que os atores são preparados, desde o início, para serem totalmente dependentes das ideias do diretor teatral.

Passando agora ao teatro em si mesmo, particularmente com relação ao diretor, a situação também não é muito genial. A profissão de diretor está claramente passando por uma metamorfose. É hoje prática comum entre pintores, arquitetos, escritores, *designers* de moda, cabeleireiros, gestores, o gosto por se envolver com direção teatral de vez em quando. Por um lado, isso é maravilhoso; eles têm enriquecido o teatro com ideias e imagens emprestadas de suas próprias profissões. Mas, ao mesmo tempo, é horrível – porque eles não têm o verdadeiro conhecimento da natureza específica do teatro e, nessas condições, tendem a excluir o ator da esfera de seus interesses. Eles praticamente pararam de prestar atenção ao modo como o ator se prepara para interpretar seu papel. Parecem estar muito mais preocupados com as imagens visuais que derivam do trabalho dos cenógrafos, figurinistas ou iluminadores. A maioria dos diretores de teatro simplesmente não sabe como ajudar o ator em seu trabalho com o papel, porque nesse campo há principalmente diletantes que vieram de fora do teatro. Ou eles não trabalham com os atores de modo algum ou os treinam de um modo rígido, de forma a conseguir o resultado desejado, usando o ator meramente como um dos elementos instrumentais do espetáculo. O ator é deixado completamente só. Na realidade, ele se transformou num servidor obediente, num instrumento mudo para traduzir as ideias do diretor, simplesmente em um fantoche. Essa situação é basicamente a mesma tanto para o ator comum, desafortunado, quanto para os assim chamados "astros", nos quais os níveis de ambição e conhecimento nem sempre coincidem.

O que é mais triste é o fato de que alguns atores parecem bastante satisfeitos com sua posição. Mas será que podemos realmente chamar de criativo esse trabalho? Obediência cega para com as exigências do diretor de teatro é muitas vezes considerada uma virtude, escusando os

atores da necessidade de ter ou demonstrar seu talento interpretativo. Felizmente a maioria dos atores não procura apenas trabalho, mas um engajamento artístico que requer seu talento. Atores no teatro, parece-me, estão agora em pior posição do que qualquer outra profissão. Isso porque o teatro – se ainda devemos interpretá-lo como a arte de atuar – está em declínio gradual; essa situação, não obstante o sucesso de determinados atores talentosos, é bastante óbvia. E o ator, cada vez mais destinado a se tornar um detalhe secundário, num grandioso show visual, não pode esperar nenhuma ajuda de fora.

Se tal situação continuar a desenvolver-se nesse sentido, todo o futuro da profissão do ator tornar-se-á muito problemática. Não gosto de fazer previsões pessimistas; elas aparecem por si mesmas. O século em que nos encontramos pode bem ser o último a ver a arte de atuar no mais elevado sentido do termo. Essas palavras não são para chocar; entretanto, pode-se considerá-las uma séria e bem fundamentada advertência endereçada a todos nós. Espero que essa previsão não se torne realidade. Acredito que a gravidade da situação atual faça com que professores das escolas de teatro, diretores e produtores de teatro repensem e reavaliem suas estratégias quando trabalham com atores. Espero que os atores por si mesmos se revoltem contra sua atual e predominante posição instrumental e subserviente. Espero que eles se recusem a aderir a essa desastrosa dependência totalmente desprovida de iniciativa. Espero que chegue o tempo em que os atores percebam que é somente seu próprio conhecimento e sua habilidade para trabalhar de forma independente que lhes permite recuperar a profissão de ator com seu real *status* na hierarquia dos valores teatrais.

Este livro foi impresso na cidade de Cotia,
nas oficinas da Meta Brasil,
para a Editora Perspectiva.